Julia Laas

Vom Entwurf zum selbst gezeichneten Manga

Zeichenlehrgang für ein buntes und spannendes Halbjahr im Kunstunterricht

Die Autorin

Julia Laas ist gelernte Buchhändlerin, Illustratorin und Mangakünstlerin. Seit mehr als 20 Jahren interessiert sie sich für die japanischen Comics.

1. Auflage 2022

AAP Lehrerwelt GmbH
Veritaskai 3
21079 Hamburg
Telefon: +49 (0) 40325083-040
E-Mail: info@lehrerwelt.de
Geschäftsführung: Christian Glaser
USt-ID: DE 173 77 61 42
Register: AG Hamburg HRB/126335

Wir verwenden in unseren Werken eine genderneutrale Sprache. Wenn keine neutrale Formulierung möglich ist, nennen wir die weibliche und die männliche Form. In Fällen, in denen wir aufgrund einer besseren Lesbarkeit nur ein Geschlecht nennen können, achten wir darauf, den unterschiedlichen Geschlechtsidentitäten gleichermaßen gerecht zu werden.

Autorin: Julia Laas
Covergestaltung: TSA&B Werbeagentur GmbH, Hamburg
Illustrationen: Julia Laas
Satz: Satzpunkt Ursula Ewert GmbH, Bayreuth
Druck und Bindung: Design and printing JSC KOPA, Litauen

ISBN: 987-3-403-20785-6
www.persen.de

Inhaltsverzeichnis

Vorwort

Mangas sind japanische Comics und unterscheiden sich in eingen Punkten von den westlichen, wie Superman oder Batman.

Das Schöne an Mangas ist, dass man den Charakteren genau ansieht, wie sie sich gerade fühlen. Es bedarf nicht viel Text zu einer Szene, um die Situation und die Gefühle der Charaktere zu verstehen. Die Zeichnungen erzählen die Geschichte. So haben im Manga sogar die Haarfarben Bedeutungen und ergänzen die Wesenszüge der Figuren.

Mangas sind in den letzten Jahren immer populärer geworden. Kinder und Jugendliche mögen den auffallenden Zeichenstil. So bietet dieser Lehrgang eine tolle Möglichkeit, Ihre Schülerinnen und Schüler in ihrer Lebenswelt abzuholen und Kunstunterricht an einem Gegenstand zu praktizieren, der ihnen zusagt. Mangas ermöglichen, Charaktere und Emotionen einfach grafisch darzustellen. Dennoch geht es dabei auch um Themen wie Farben, Proportionen und den Ausdruck von Gefühlen mittels Kunst. Diese können Sie mit diesen Arbeitsblättern problemlos in Ihren Unterricht integrieren.

Im Folgenden finden Sie Vorschläge zum Aufbau des Projekts. Diese dienen zur Planung eines Halbjahres, es können Stunden erweitert oder weggelassen werden – ganz wie es individuell benötigt wird.

Folgende Ideen können ergänzend zu dem Zeichenkurs mit in die Planung aufgenommen werden. Sie lockern das Ganze noch einmal auf:

- In der ersten oder letzten Stunde kann zur Inspiration oder zum Abschluss ein japanischer Zeichentrickfilm (Anime), z. B. *Mein Nachbar Totoro / Das Königreich der Katzen / Chihiros Reise ins Wunderland,* angeschaut werden. Es wird zu einem Gesamterlebnis, wenn die Kinder dazu original japanische Süßigkeiten probieren können.
- Vor Ostern oder Weihnachten können mit den Kindern Karten gebastelt werden – mit selbst gemalten Mangabildern, z. B. mit Stickern, oder man gestaltet zusammen Lesezeichen. Sie finden dazu im Kapitel „Zusatzmaterialien" ein paar Anregungen.

Einheit	Themen	Zeitbedarf
1	Einführung „Was ist Manga?“	1 Schulstunde
2	• Aufbau des Gesichts • Augen zeichnen • Mund, Nase, Ohren zeichnen • Gefühlsausdrücke • Farbenlehre • Zeichnen eines kompletten Gesichts	2 Schulstunden
3	• Haare und Frisuren • Bedeutung der Haarfarben • Einen Charakter entwerfen I	2 Schulstunden
4	• Zeichnen des Körpers • Hände und Füße zeichnen	1 Schulstunde
5	• Kleidung, Zubehör und Accessoires Schmuck und Tattoos • Kleiderpuppe (zur Differenzierung im Kapitel „Zusatzmaterialien“)	3 Schulstunden
6	• Chibis • Einen Charakter entwerfen II • Blumen, Pflanzen und Hintergründe	3 Schulstunden
7	• Eine Szene zeichnen • Entwerfen und Zeichnen einer Geschichte • Schule und Religion in Japan (zur Erweiterung im Kapitel „Zusatzmaterialien“) • Kalenderseite gestalten • Lesezeichen gestalten	4–5 Schulstunden

Was ist Manga?

Der Begriff *Manga* bedeutet so viel wie *komisch, witzig gezeichnetes Bild*. Schon früh begannen buddhistische Mönche, Bildergeschichten auf Papierrollen zu zeichnen. Populär wurde der Begriff durch den Ukiyo-e-(Holzschnitzbilder-)Meister Katsushika Hokusai im Jahre 1814. Er hat Skizzen mit Momentaufnahmen der japanischen Gesellschaft und Kultur während der späten Edozeit (1603–1868) gezeichnet.

© Mira Kunstler/stock.adobe.com

Eines seiner bekanntesten Werke ist „Die große Welle vor Kanagawa".

In Japan findet man Mangas überall, selbst im Alltag auf Gebrauchsanweisungen, in Kochbüchern, auf Hinweisschildern usw.

© sayukichi_stock.adobe.com

Die Besonderheit von Mangas liegt darin, dass die Bilder die Geschichte erzählen und auf viel Text verzichtet werden kann, anders als beispielsweise bei US-Comics. Auch gibt es viele verschiedene Arten von Mangas, hier eine kleine Auswahl:

Kodomo → Mangas für kleine Kinder

Shōnen → Mangas für Jungen

Shōjo → Mangas für Mädchen

Silver Mangas → Mangas für Senioren

Der Beruf des Mangakas ist ein großer Traum vieler Jungen und Mädchen – doch der Weg dahin ist beschwerlich und lang. Wer es geschafft hat, wird in einem der vielen monatlich erscheinenden Magazine veröffentlicht.

Hast du aufmerksam gelesen? Dann beantworte folgende Fragen:

1. Was bedeutet Manga? ______________________________

2. Wie heißt der Ukiyo-e-Meister? ______________________________

3. Welche Besonderheit gibt es beim Manga? ______________________________

____

Die Arbeit als Mangaka

Viele japanische Jungen und Mädchen träumen davon, eines Tages als Mangazeichner die eigenen Geschichten zu veröffentlichen und damit Geld zu verdienen.

Doch die Arbeit als Mangaka ist anstrengend, stressig und hart.

Es gibt verschiedene Wege, um als Zeichner entdeckt zu werden, z. B. als Assistent in einem Zeichnerteam eines bekannten Mangakas. Mit der Zeit und der Erfahrung, die gesammelt wird, kann man wichtigere Aufgaben übernehmen. Bis sich die Möglichkeit bietet, eigene Projekte zu zeichnen und einem Verlag zu präsentieren.

Man kann sich natürlich auch direkt bei einem Verlag bewerben oder bekommt Aufmerksamkeit durch die Veröffentlichung von Doujinshis (von Fans gezeichnete Geschichten).

Das Stressigste bei der Arbeit sind die Abgabetermine für die wöchentlich oder monatlich erscheinenden Magazine. Denn in so einem werden die Mangas zuerst veröffentlicht, Kapitel für Kapitel. Erst später kommen sie als Sammelband im Taschenbuchformat raus.

Diese Magazine gibt es für verschiedene Zielgruppen:

Kodomo: Coro Coro Comic (erscheint monatlich) – Mangas wie *Kickers, Pokémon, Beyblade*

Shōnen: Shōnen Jump (erscheint wöchentlich) ist das meistverkaufte Magazin in Japan – Mangas wie *One Piece, Dragonball, Naruto*

Shōjo: Ribon (erscheint monatlich) – Mangas wie *Sailor Moon*

Um als Zeichner davon leben zu können, müssen sich die Geschichten natürlich gut verkaufen. Das schaffen aber leider nicht alle.

Hier einige sehr bekannte und erfolgreiche Mangaka:

Gosho Aoyama (*Detektiv Conan*) – Clamp (*Card Captor Sakura*) – Eiichirō Oda (*One Piece*) – Naoko Takeuchi (*Sailor Moon*) – Akira Toriyama (*Dragonball*) – Osamu Tezuka (*Astro Boy*)

Osamu Tezuka war übrigens maßgeblich an der Entwicklung von Manga und Anime beteiligt und wird deswegen auch als „Gott des Manga“ (Manga no Kami-sama) bezeichnet.

Kennt ihr einige dieser Mangas und Animes oder gar andere? Tauscht euch aus, welche ihr kennt und was ihr an ihnen mögt.

Ausmalbild

Mal das Bild mit Farben deiner Wahl aus.

Malen nach Zahlen

Male das Bild aus.

∨	Rosa	▭	Gelb	○	Rot	✳	Schwarz
△	Grün	●	Orange/Haut	✕	Lila/Blau		

Kapitel: Gesicht

Aufbau des Gesichts

Augen zeichnen

Mund, Nase, Ohren zeichnen

Gefühlsausdrücke

Farbenlehre

Zeichnen eines kompletten Gesichts

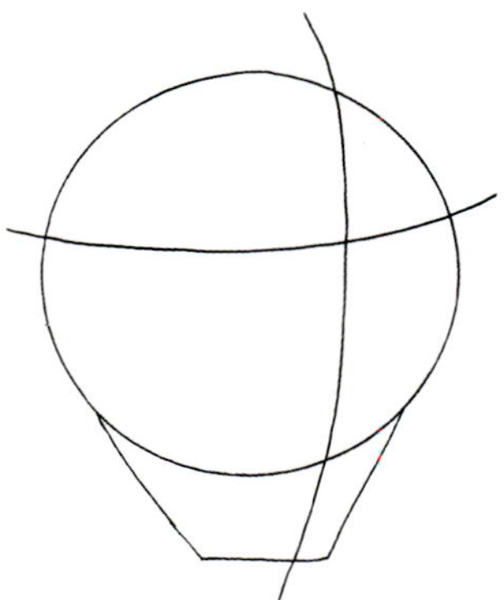

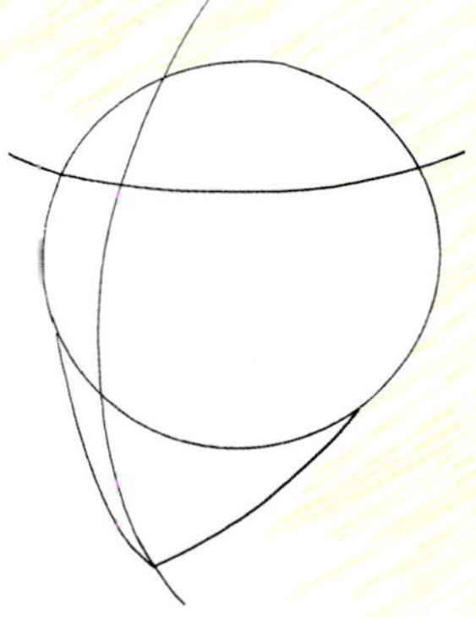

Aufbau des Gesichts

Das Gesicht kann auf verschiedene Arten gezeichnet werden. Egal für welchen Stil man sich entscheidet, ob niedlich, realistisch oder ganz anders – es gibt immer ein Grundmuster.

Wenn man ein Gesicht zeichnet, wird oft zuerst ein Kreis mit einem Kreuz darin gezeichnet. Das ist die vereinfachte Zeichenweise des Gesichts.

Die Linie, die waagerecht verläuft, nennt sich Augenlinie. An ihr liegen die Augen und Ohren.

Die zweite ist die Zentrallinie. Wenn du diese verlängerst, dann kann dort der Unterkiefer (das Kinn) eingezeichnet werden. An ihr liegen außerdem Nase und Mund.

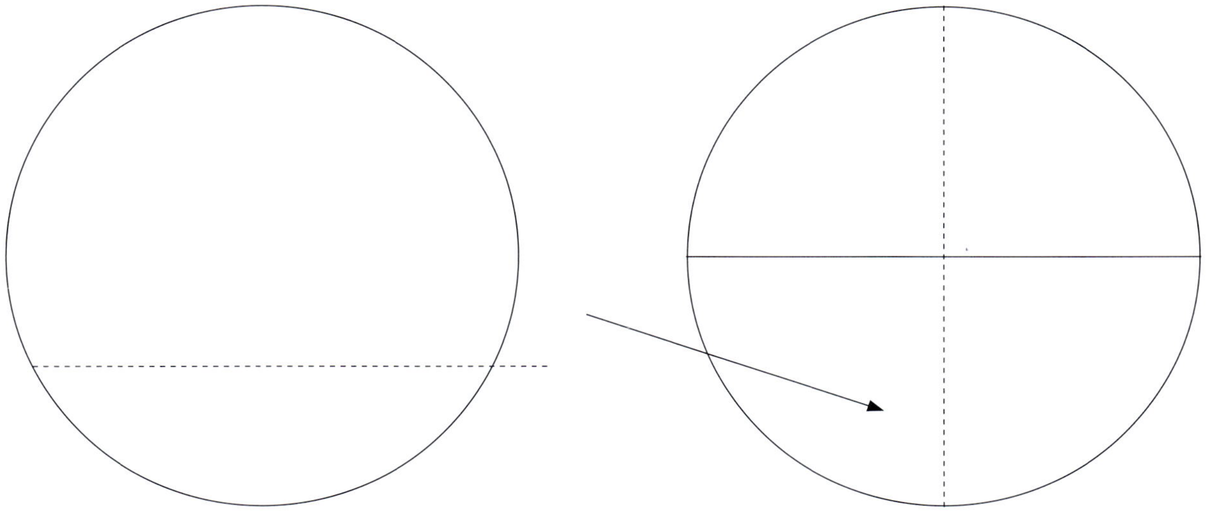

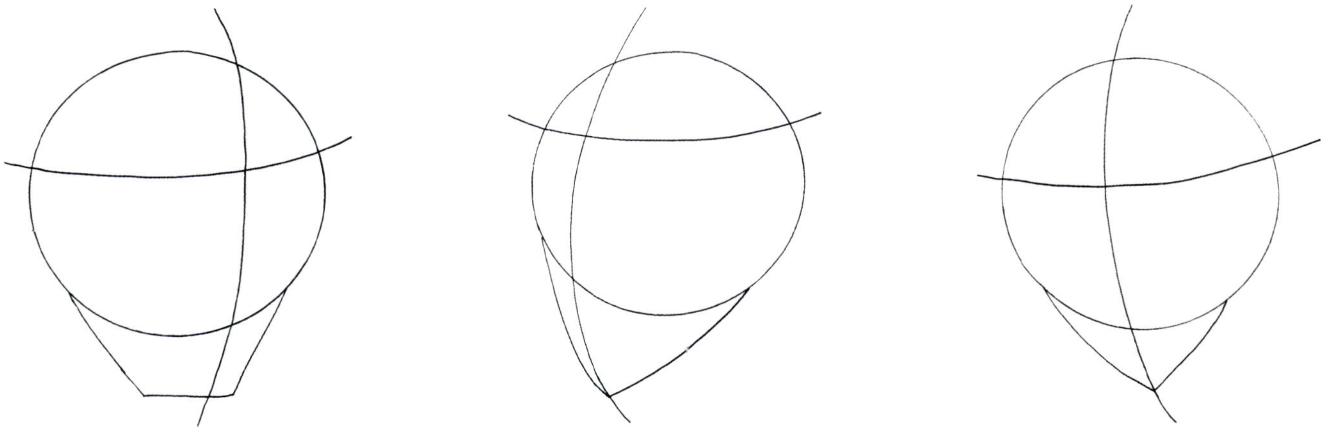

Man kann Gesichter natürlich nicht nur von vorne zeichnen, sondern auch von der Seite. Auch dabei zeichnet man zuerst einen Kreis und dann die Augen- und Zentrallinie.

Aufbau des Gesichts

Dafür kannst du z. B. folgende Vorlagen nutzen:

Kopf ¾-gedreht

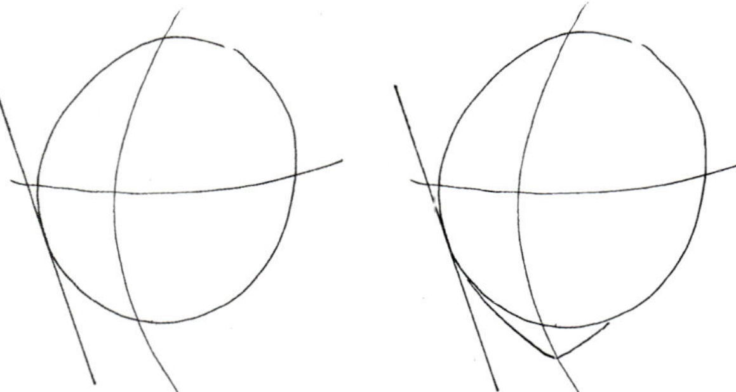

Kopf von der Seite

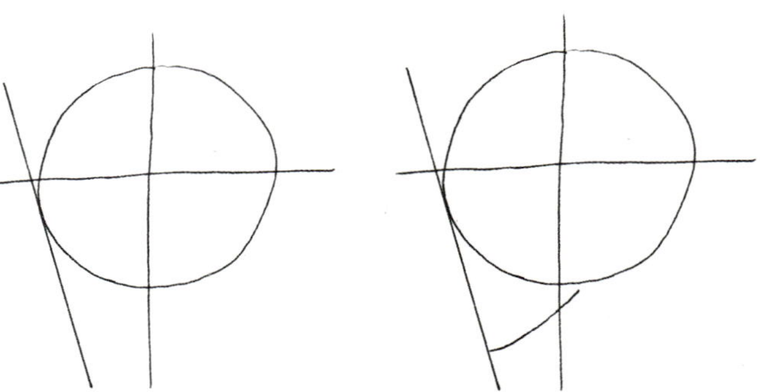

Hier noch einige Beispiele für fertig gezeichnete Köpfe von der Seite:

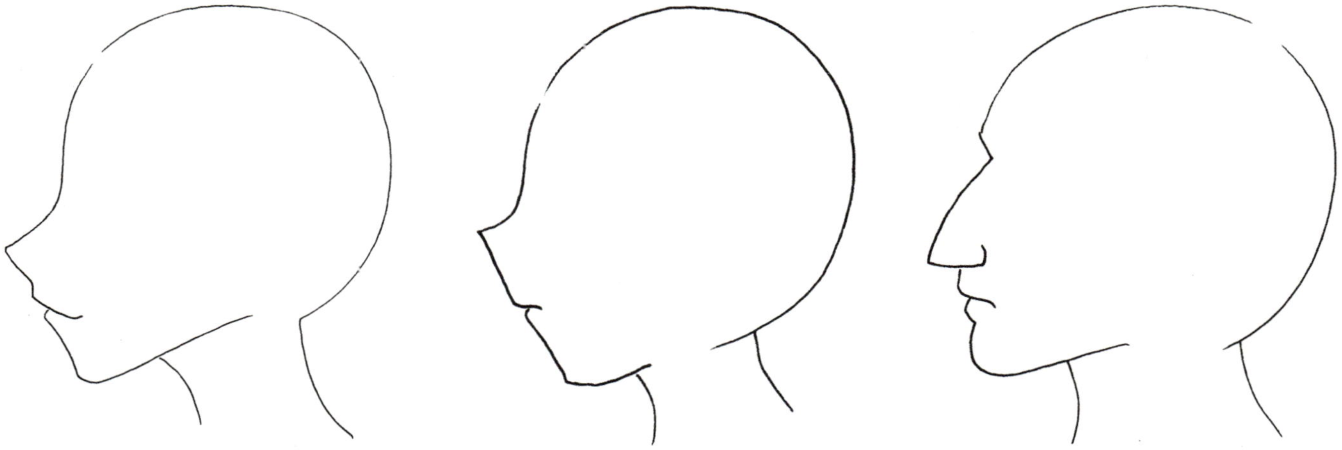

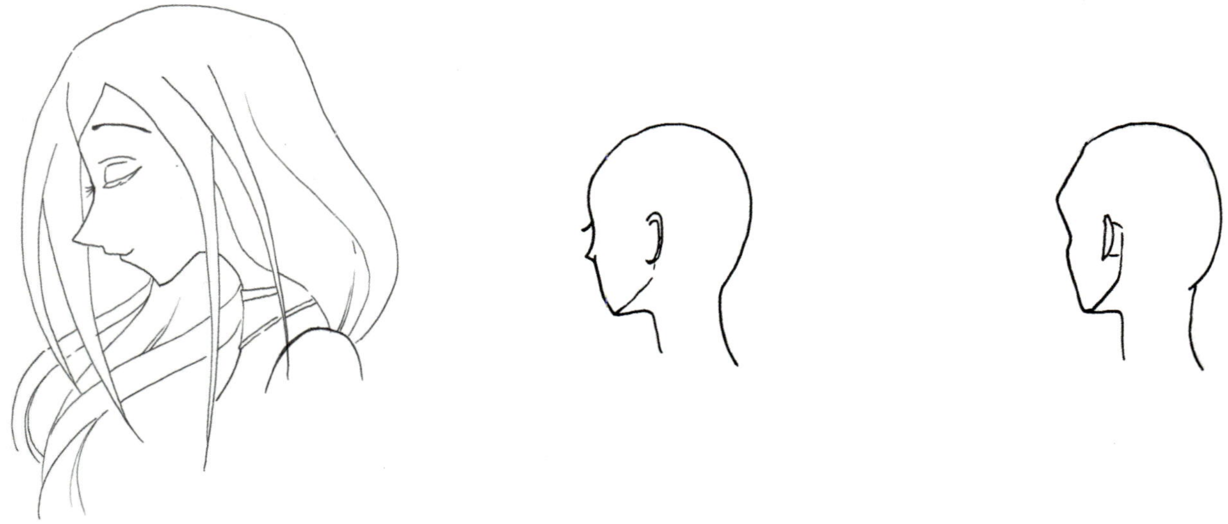

Aufbau des Gesichts

Jetzt bist du dran!

Sobald sich der Blickwinkel ändert, erscheinen die Linien als Kurven und nicht mehr als Kreuz. Als Hilfestellung kannst du dir einen Ball mit einem Kreuz darauf vorstellen wie im folgenden Beispiel:

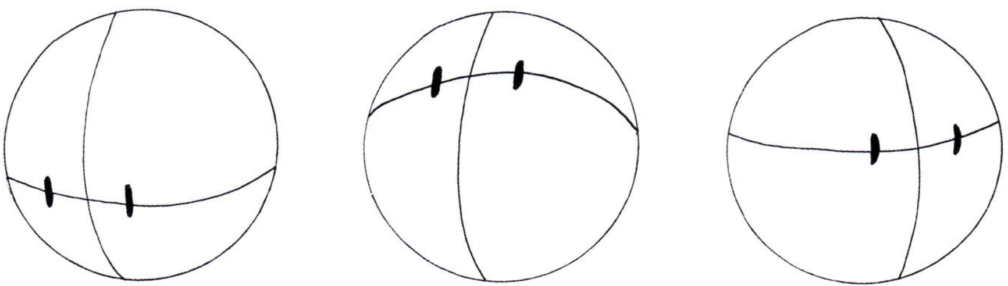

Lass die unteren sechs Gesichter in verschiedene Richtungen gucken.

Augen zeichnen

Die Augen sind ein wichtiger Teil von Charakteren. Man sagt, sie seien der Spiegel der Seele. Das stimmt insbesondere beim Zeichnen und Malen. Die Gefühle, die ihr auszudrücken versucht, müssen der Figur angesehen werden, sonst geht die Wirkung auf den Leser verloren.

Wichtig beim Zeichnen der Augen ist, dass zwischen ihnen immer so viel Platz gelassen wird, dass noch ein drittes reinpassen würde. Dann haben sie den richtigen Abstand.

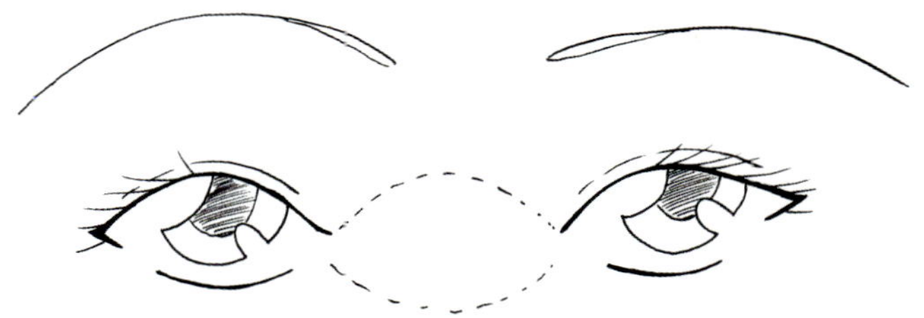

Hier sind ein paar Beispiele:

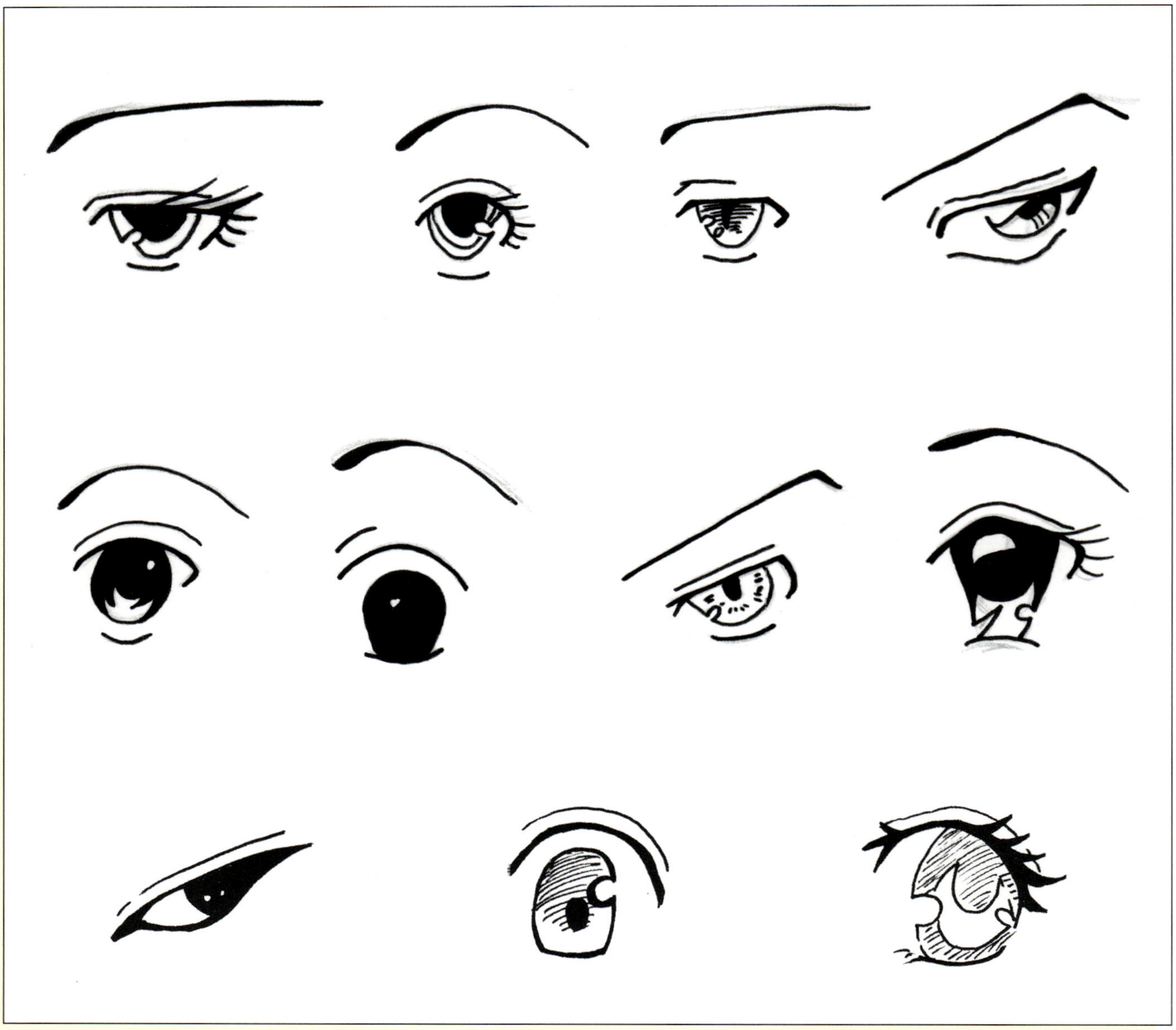

Augen zeichnen

Hier siehst du, wie man Schritt für Schritt verschiedene Augen zeichnet. Bei den Augen kann man sich auch an einem Grundgerüst orientieren.

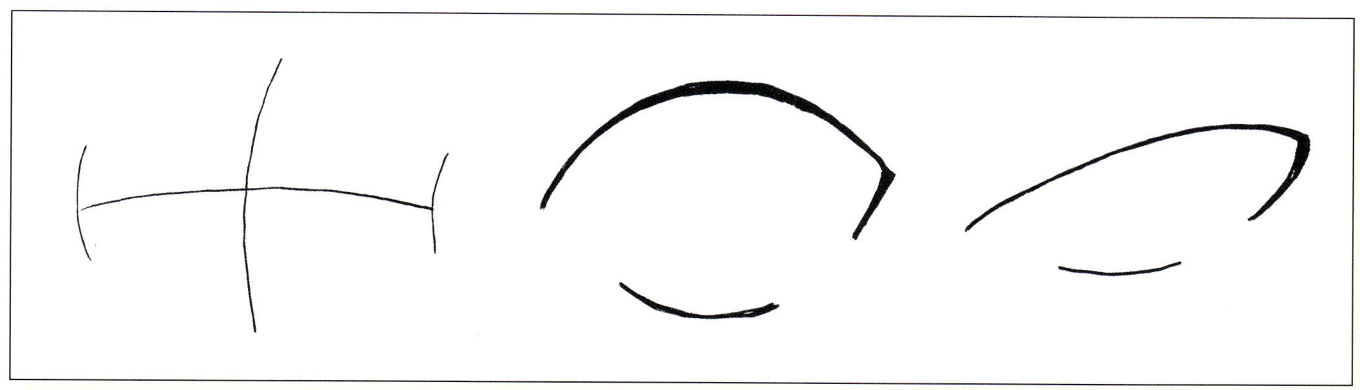

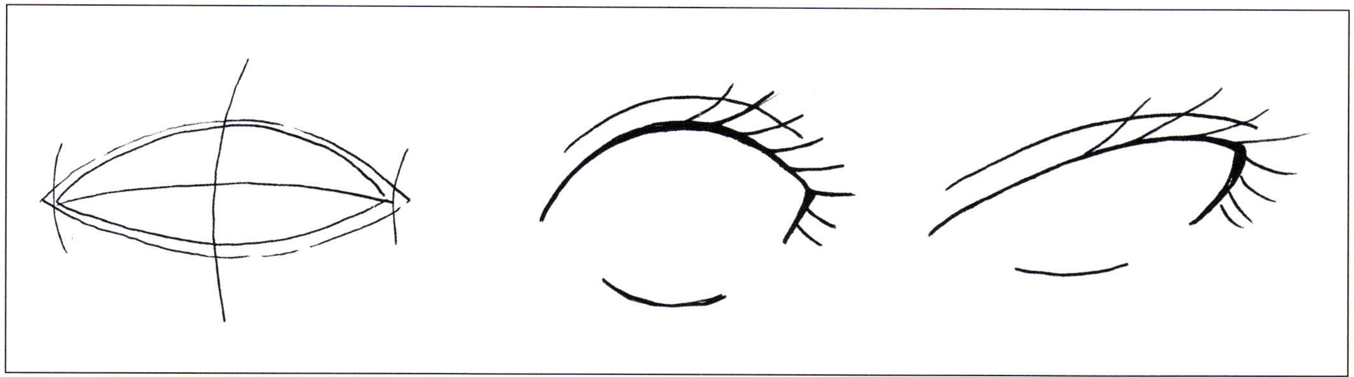

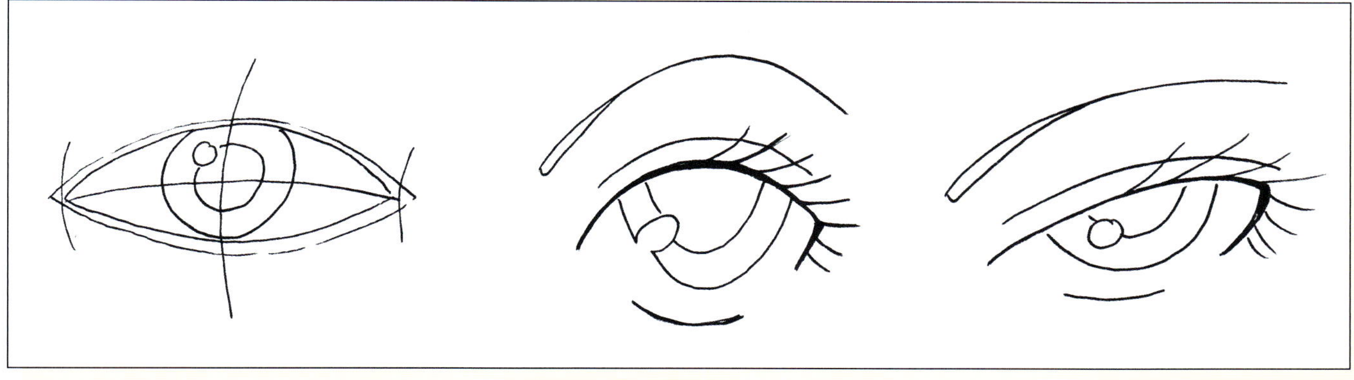

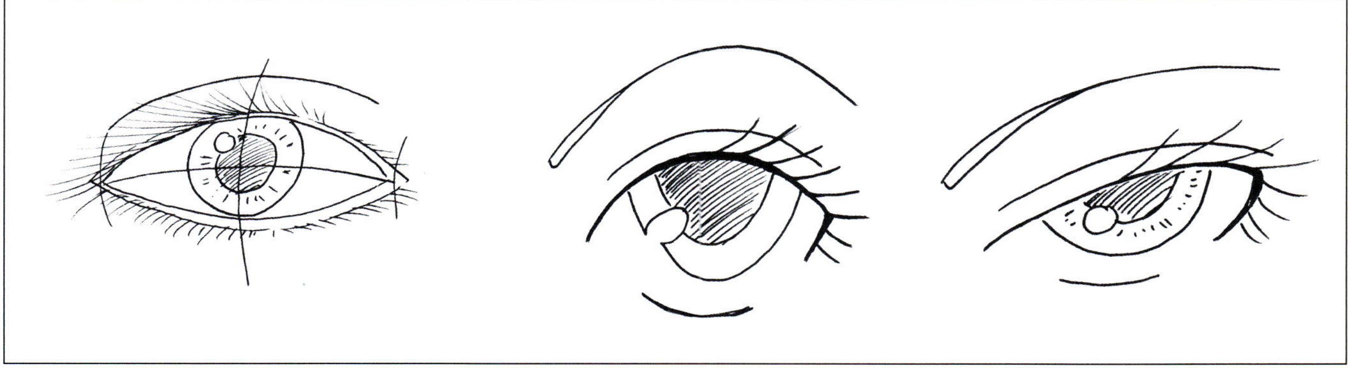

Zeichne je ein realistisches und ein Manga-Auge.

Mund, Nase, Ohren zeichnen

Zum Gesicht gehören natürlich nicht nur die Augen. Mund, Nase, Ohren und schließlich die Haare, all das muss zusammenpassen. Die Wirkung der Augen kann vom Mund unterstützt werden.

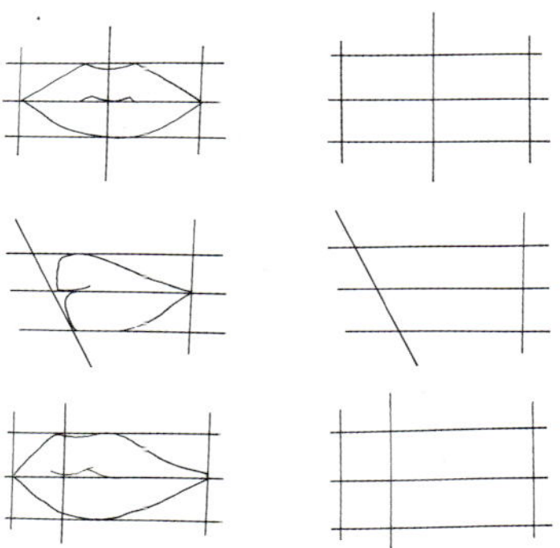

Es ist immer hilfreich, alles vereinfacht vorzuzeichnen.
Schau dir die Beispiele an und versuche dich in der Vorlage rechts selbst.

Hier ein paar Beispiele:

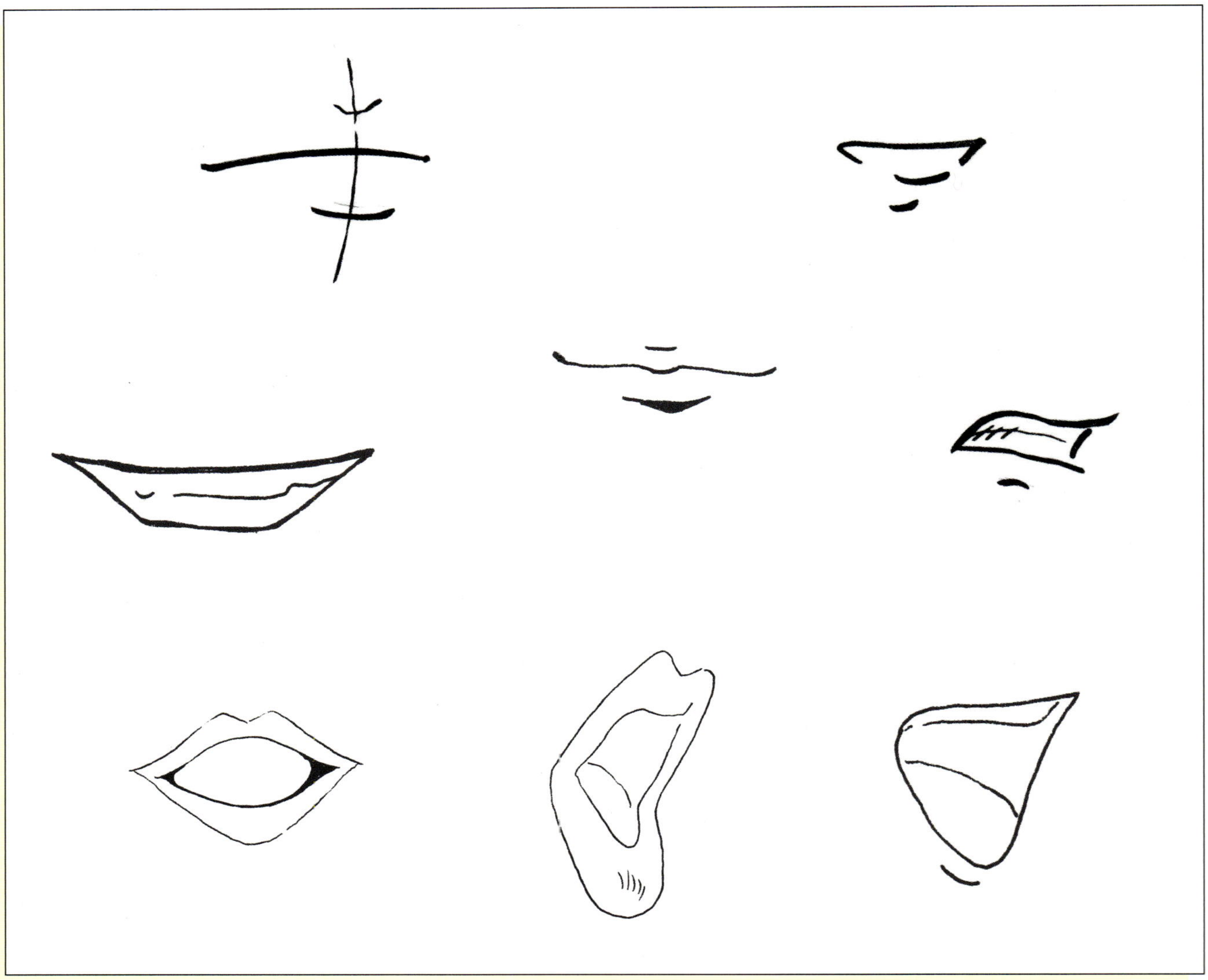

Mund, Nase, Ohren zeichnen

> Füge ein, was bei den Gesichtern fehlt.

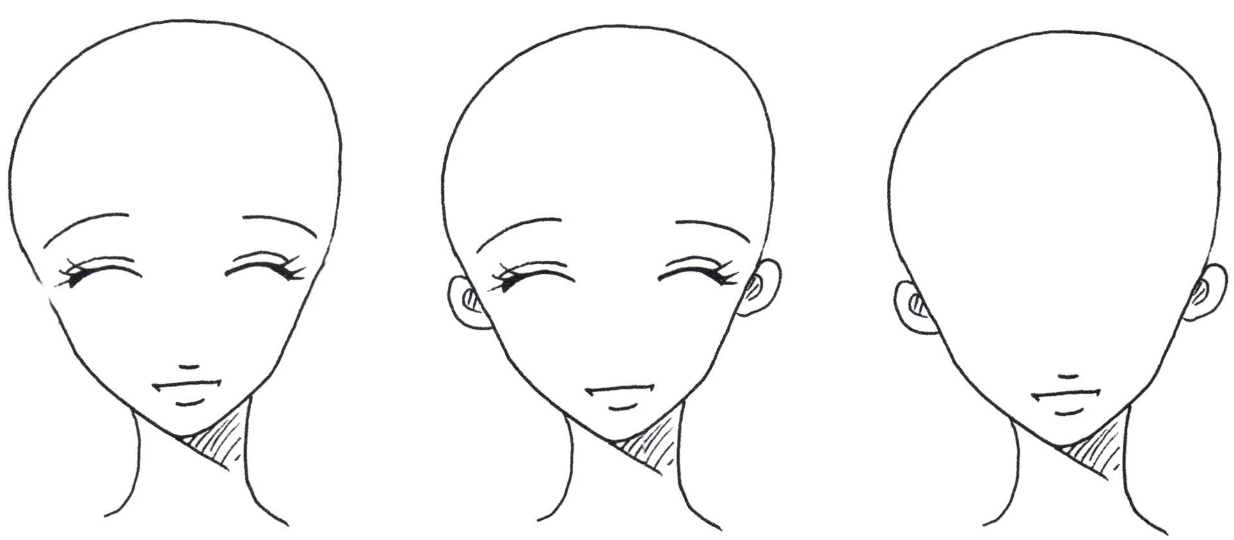

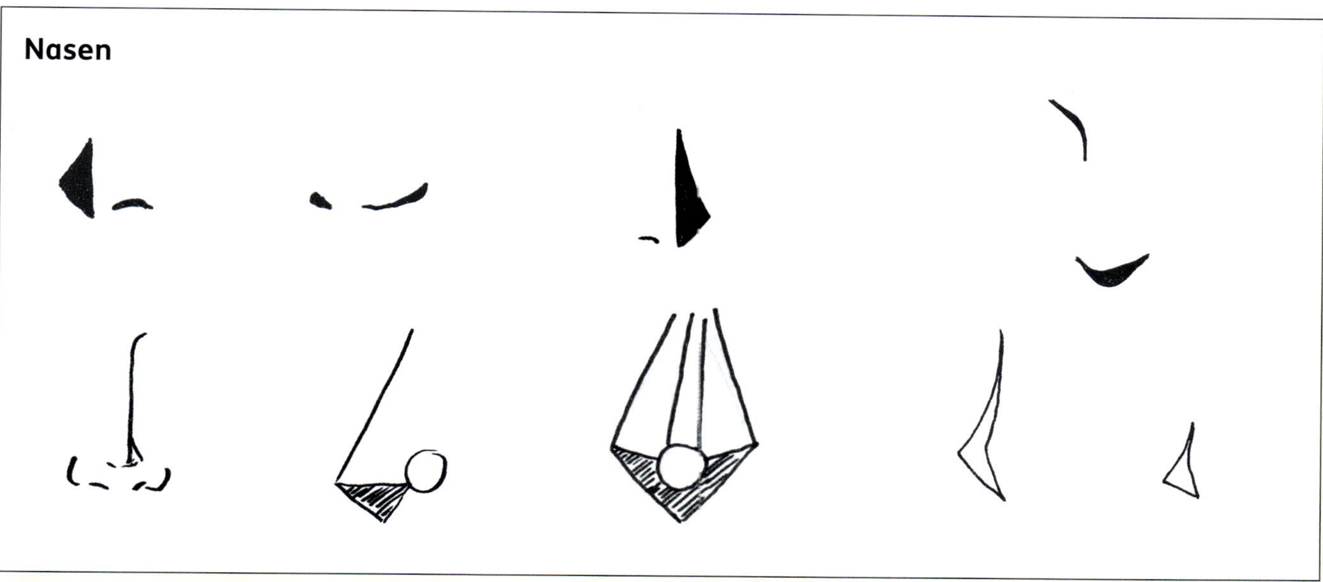

Gefühlsausdrücke

Gefühlsausdrücke sind wichtig, denn davon lebt jede Zeichnung, besonders der Manga. Der grundlegende Unterschied zwischen Comic und Manga ist, dass im Manga die Bilder die Geschichte erzählen und auf Text größtenteils verzichtet wird. Durch den Gesichtsausdruck kann man sich in den Charakter hineinversetzen und so mit ihm mitfühlen.

Hier sind ein paar Beispiele verschiedener Gefühlsausdrücke.

Ordne zu, welches Gefühl zu welchem Gesicht gehört.

WÜTEND – FURCHT – FREUDE – LACHEN – ERSCHROCKEN – ERSTAUNT – BOSHAFT – WEINEN – VERLEGEN

Gefühlsausdrücke

Jetzt bist du dran!
Versuche es selbst und zeichne vier verschiedene Gefühlsausdrücke.

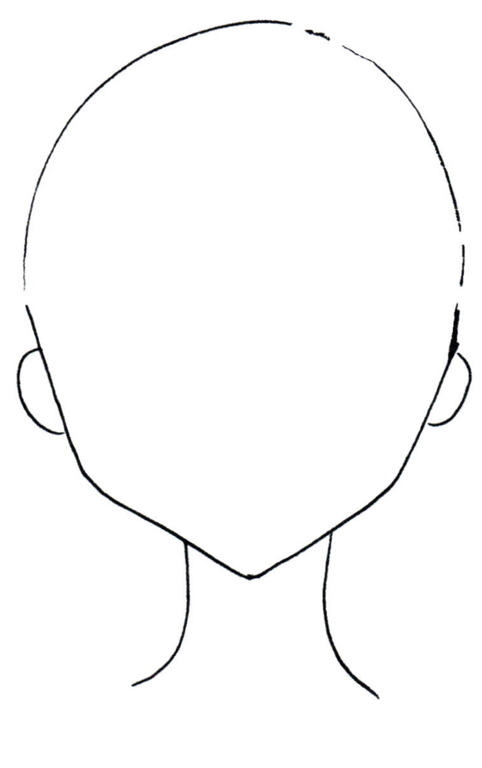

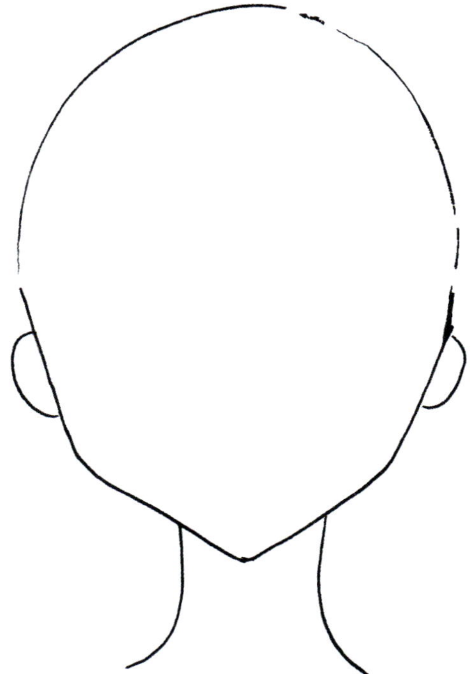

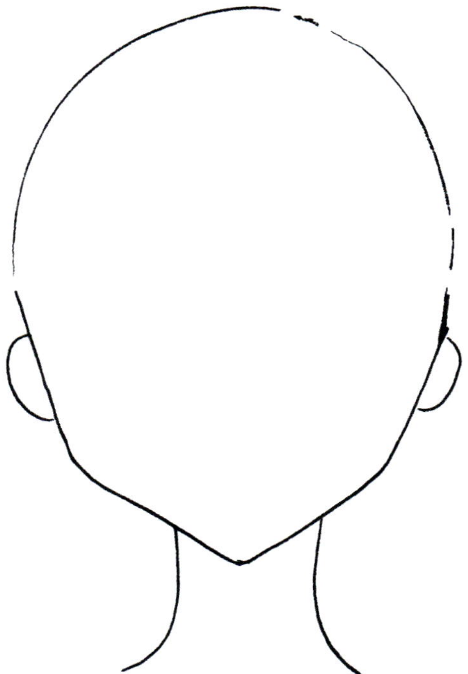

Farbenlehre

Es gibt drei Grundfarben: Rot, Blau und Gelb. Man nennt sie auch Erst- oder Primärfarben. Diese drei sind die einzigen, die nicht durch Mischung von Farben entstehen. Anders aber können aus diesen Grundfarben weitere gemischt werden. Aus ihnen werden die Zweit- oder Sekundärfarben.

Probiert es einfach aus. Was passiert, wenn ihr die Grundfarben miteinander kombiniert?

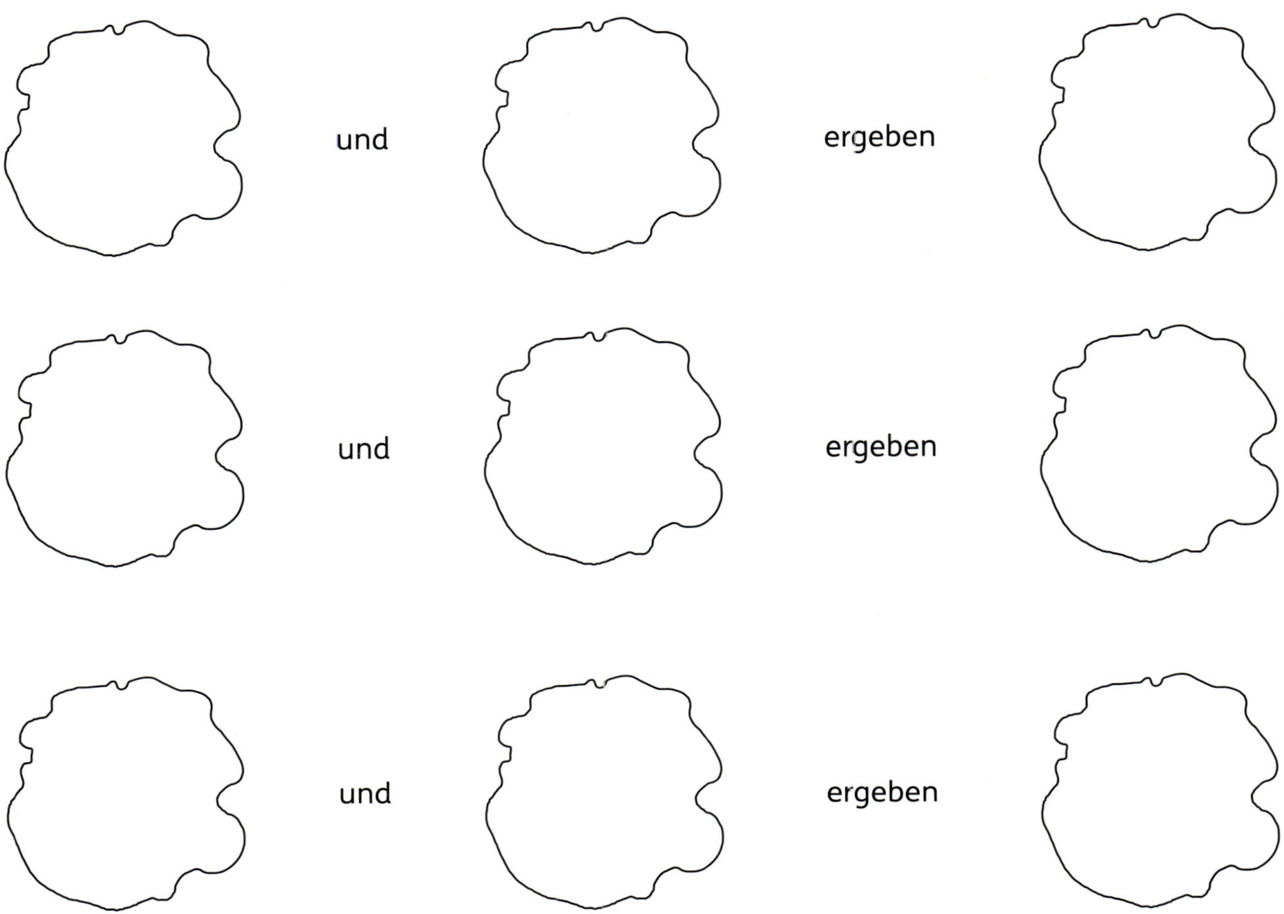

Aber was sind Farben eigentlich? Füge die drei Wörter ein!

Spektralfarben – Licht – Schwarz

Farben nehmen wir Menschen mit den Augen wahr. Aber ohne ____________________ gibt es keine Farben. Stellt euch vor, es ist völlig dunkel. Dann sind alle Farben ____________________. Das Sonnenlicht erscheint uns weiß, aber in Wahrheit besteht es aus vielen einzelnen Farben. Diese werden ____________________ genannt.

Farbenlehre

So setzen wir Farben auch mit Gefühlen, Ereignissen oder Dingen in Verbindung.

Verbinde die Wörter, die zusammen passen.

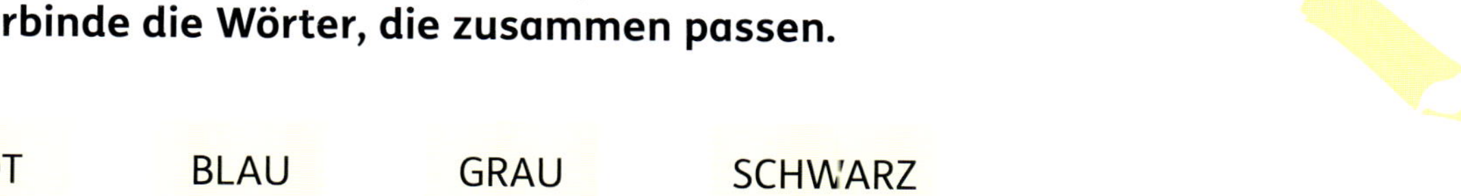

ROT   BLAU   GRAU   SCHWARZ

GIFT   LIEBE   UNSCHULD   ALTER

WASSER   SONNE   WUT   ROT

GELB   GRÜN   TRAUER   WEISS

Und wenn Grundfarben mit Zweitfarben gemischt werden, entstehen Drittfarben, sogenannte Tertiärfarben.

Probiert es aus, das sind Farben wie:

____

____

____

____

____

____

____

Schwarz und Weiß nennt man „unbunte Farben“. Schwarz entsteht, wenn kein Licht vorhanden ist.

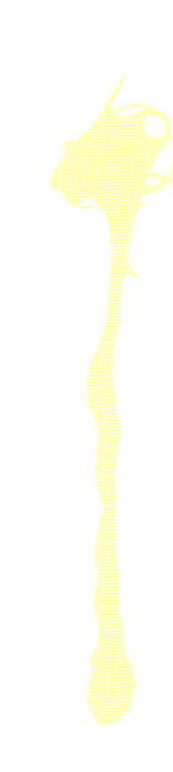

Zeichnen eines kompletten Gesichts

Um welche Begriffe handelt es sich?
Finde mithilfe der Zahlen die gesuchten Wörter.

A	B	C	D	E	F	G	H	I	J	K	L	M	N	O	P	Q	R	S	T	U	V	W	X	Y	Z
1	2	3	4	5	6	7	8	9	10	11	12	13	14	15	16	17	18	19	20	21	22	23	24	25	26

Frage 1: Welche Hilfestellung gibt es beim Zeichnen des Gesichts?

____

11/18/5/9/19 13/9/20 5/9/14/5/13 11/18/5/21/26

Frage 2: Nase und Ohren befinden sich an der ...?

____

26/5/14/20/18/1/12/12/9/14/9/5

Frage 3: Die Ohren liegen an der ...?

____

1/21/7/5/14/12/9/14/9/5

Frage 4: Wichtig beim Zeichnen der Augen ist, dass ...?

____

5/9/14 4/18/9/20/20/5/19 1/21/7/5 18/5/9/14/16/1/19/19/20

Zeichnen eines kompletten Gesichts

Jetzt bist du dran!
Zeichne ein komplettes Gesicht.

Kapitel: Haare

Haare und Frisuren

Bedeutung der Haarfarben

Einen Charakter entwerfen

Haare und Frisuren

Charaktere können sich natürlich auch in Frisuren widerspiegeln. Lass deiner Fantasie dabei freien Lauf: Es gibt nichts, was es nicht gibt!

Bei den Haaren ist zu beachten, dass sie nicht einfach platt herunterhängen – sonst sehen alle deine Charaktere aus, als wären sie im Regen nass geworden. Haare müssen lebendig aussehen, denn wenn du dich bewegst, dann bewegen sich deine Haare auch.

Wird der Kopf gesenkt, so fallen die Haare nach unten.

Bewegt man sich schnell in eine Richtung, so „heben" die Haare ab.

Schüttelt man den Kopf, so fliegen die Haare zu beiden Seiten.

Mit etwas Schwung und Übung kreierst du tolle Frisuren. Hier einige Beispiele von verschiedenen Locken.

Haare und Frisuren

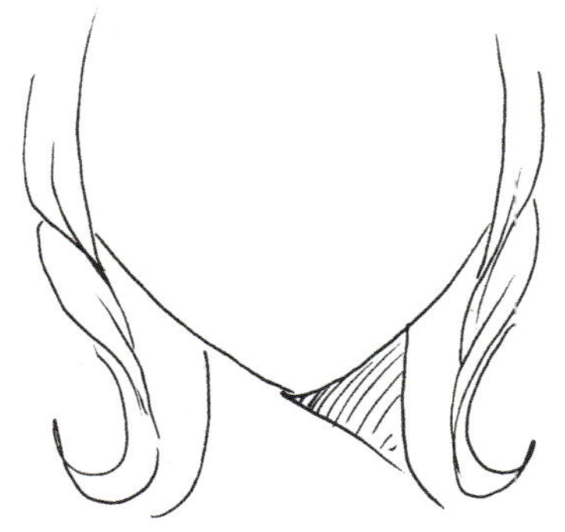

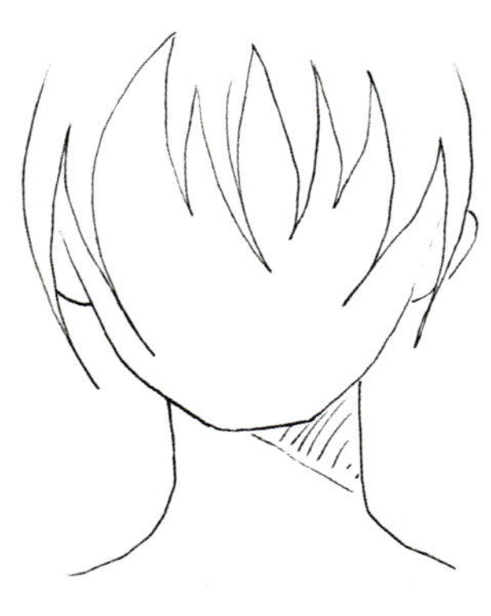

Haare und Frisuren

⚞ **Jetzt bist du dran!**
Lass dich inspirieren von den folgenden Beispielen. Male dann die Bilder auf der folgenden Seite aus oder verändere/erweitere sie nach deinen Vorstellungen.

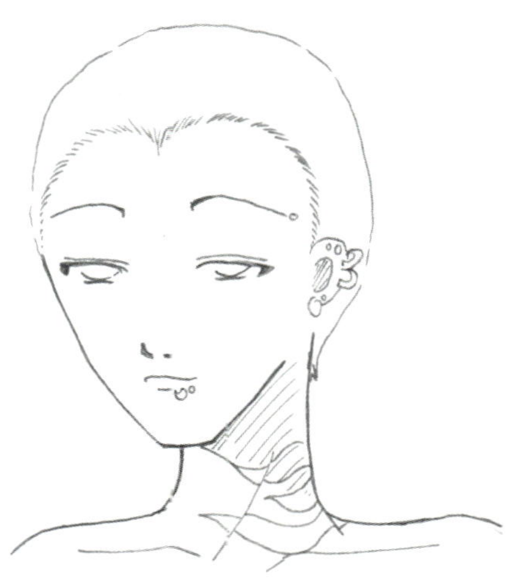

Haare und Frisuren

Jetzt bist du dran!
Zeichne verschiedene Frisuren: drei Mädchen- und drei Jungenfrisuren.

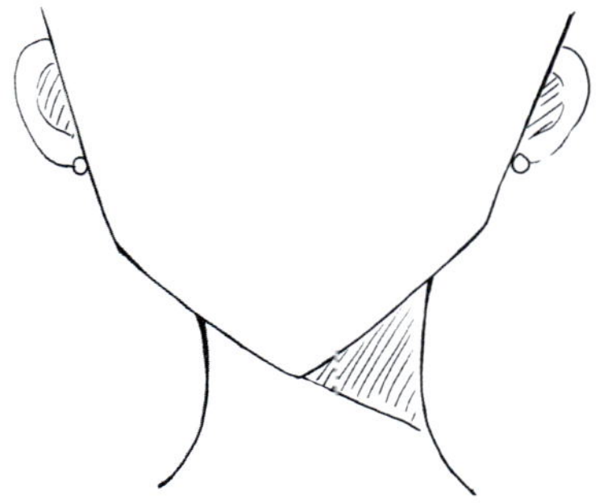

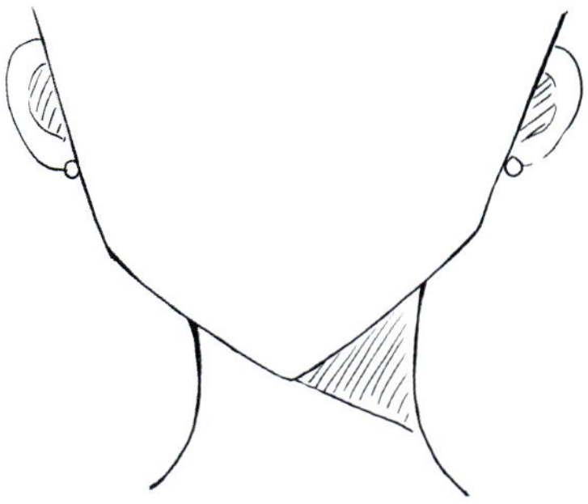

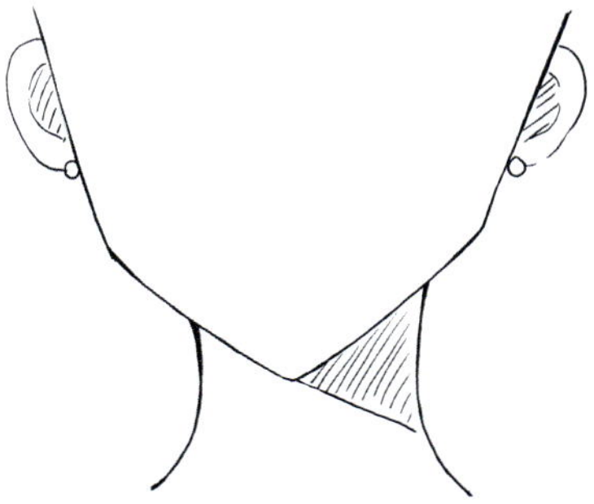

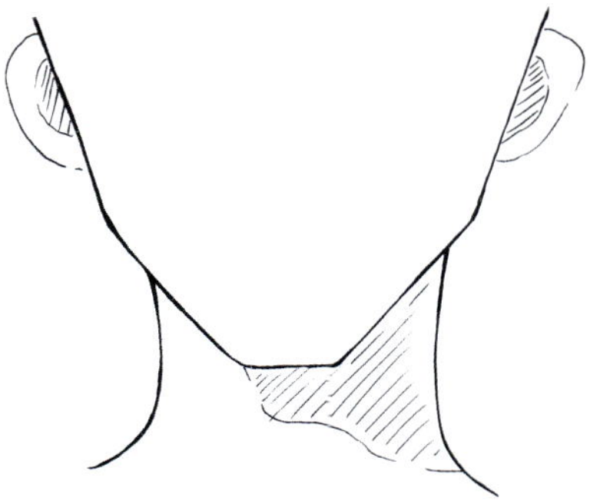

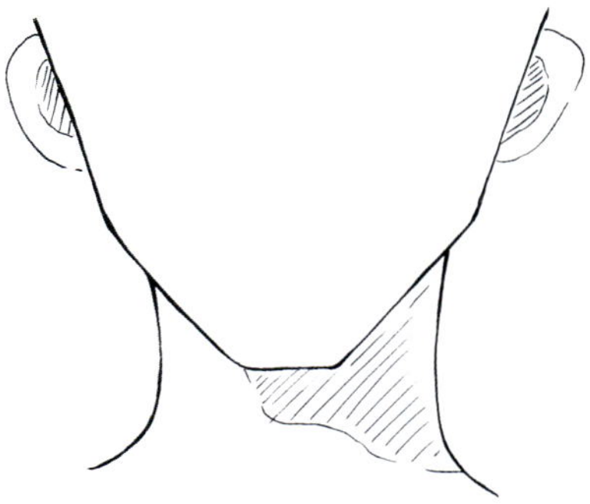

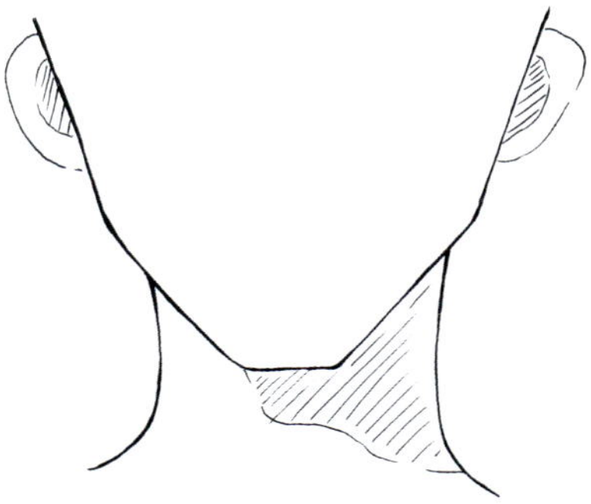

Bedeutung der Haarfarben

Alles hat seine Bedeutung, so auch die Farbe der Haare. Sie können die Charaktereigenschaften der Figuren unterstützen. Es gibt für jede Farbe eine Menge an Bedeutungen. Hier findest du eine kleine Auswahl:

Schwarz

Steht für „normale Haare“, da es in Japan die natürliche Haarfarbe ist, und verkörpert oft die Helden der Geschichte.

Weitere Bedeutung: Trauer, das Böse, Bedrohung

Braun

Diese Haarfarbe ist selten in Japan und auch in westlichen Comics taucht sie nicht oft auf.

Weitere Bedeutung: Sanftheit und Naturverbundenheit

Rot

Charaktere mit dieser Haarfarbe können aufbrausend und/oder abenteuerlustig sein. Bei Rot denkt man natürlich auch an Hexerei.

Weitere Bedeutung: Rot gilt als Warnfarbe, wird mit Leidenschaft und Liebe in Verbindung gebracht.

Blond

Nicht selten tragen verzogene, arrogante und überhebliche Charaktere blonde Haare. Es können aber auch aufrichtige und verspielte Personen sein.

Weitere Bedeutung: die Haarfarbe der Götter in der Antike – die Germanen handelten sogar mit abgeschnittenen blonden Haaren.

Grün

Das sind meist Einzelkämpfer, die außerdem Ruhe und Natürlichkeit ausstrahlen.

Weitere Bedeutung: Farbe der Hoffnung; Grün kann aber auch für Unreife und Gift stehen.

Blau

Das sind kühle, zurückhaltende, einsame, meist schüchterne Charaktere.

Weitere Bedeutung: Farbe der Tiefe und Treue; Blau steht auch für Eleganz und Lebensfreude.

Bedeutung der Haarfarben

Rosa

Diese Charaktere sind jung, kindlich und verspielt, zeichnen sich durch einen starken Willen aus und können eine große Macht besitzen.

Weitere Bedeutung: Name stammt von der Rose ab.

Violett (Purpur)

Das sind verführerische und mysteriöse Charaktere. Violett wird von vornehmen Personen getragen. Das hängt mit der Herstellung der Farbe zusammen. In der Antike wurde der Farbstoff aus Purpurschnecken gewonnen. Um ein Gramm Purpur zu erhalten, waren ungefähr 10.000 Schnecken notwendig.

Weitere Bedeutung: Farbe der Besinnung

Weiß

Das sind mächtige Charaktere mit göttlicher oder dämonischer Herkunft. Weiße Haare können aber auch bei jungen Charakteren auftreten, wenn sie tragische Dinge erlebt haben. Weitere Bedeutung: Weisheit und Lebenserfahrung, Freude, Unschuld und Reinheit

Keine Haare

Diese Charaktere strahlen Weisheit und Disziplin aus. Es können auch grausame Charaktere sein oder Mentoren (Trainer) von Helden und starken Bösewichten.

Hast du aufmerksam gelesen? Dann beantworte folgende Fragen:

Welche Haarfarbe wird mit Hexerei in Verbindung gebracht? ______________________

Warum war Violett eine Farbe für vornehme Personen? ______________________

____

____

Die Haarfarbe der Götter in der Antike war? ______________________

Welche Haarfarbe hat als weitere Bedeutung „Naturverbundenheit“? ______________________

Einen Charakter entwerfen I

Entwirf einen eigenen Charakter.

Denke dir einen Charakter aus und schreibe einen Steckbrief für ihn. Was sind seine Stärken, seine Schwächen? Welche Farbe haben seine Haare, seine Augen, was trägt er gern? So etwas nennt man auch Charakter-Sheets.

Zeichne den Charakter in verschiedenen Posen: von vorne, der Seite und auch mit einem bestimmten Gefühlsausdruck.

Name: Amaelia
Alter: unbekannt
Haarfarbe: Blau
Augenfarbe: Blau
Besonderheiten: kann mit Tieren sprechen

Amaelia gehört einem alten Elfengeschlecht an und als Thronfolgerin muss sie viele Pflichten erfüllen. Sie ist lustig und lebensfroh und manchmal ein wenig naiv. Ein dunkles Geheimnis umgibt sie und wird sie auf eine gefährliche Reise schicken.

Kapitel: Körper

Zeichnen des Körpers

Hände und Füße zeichnen

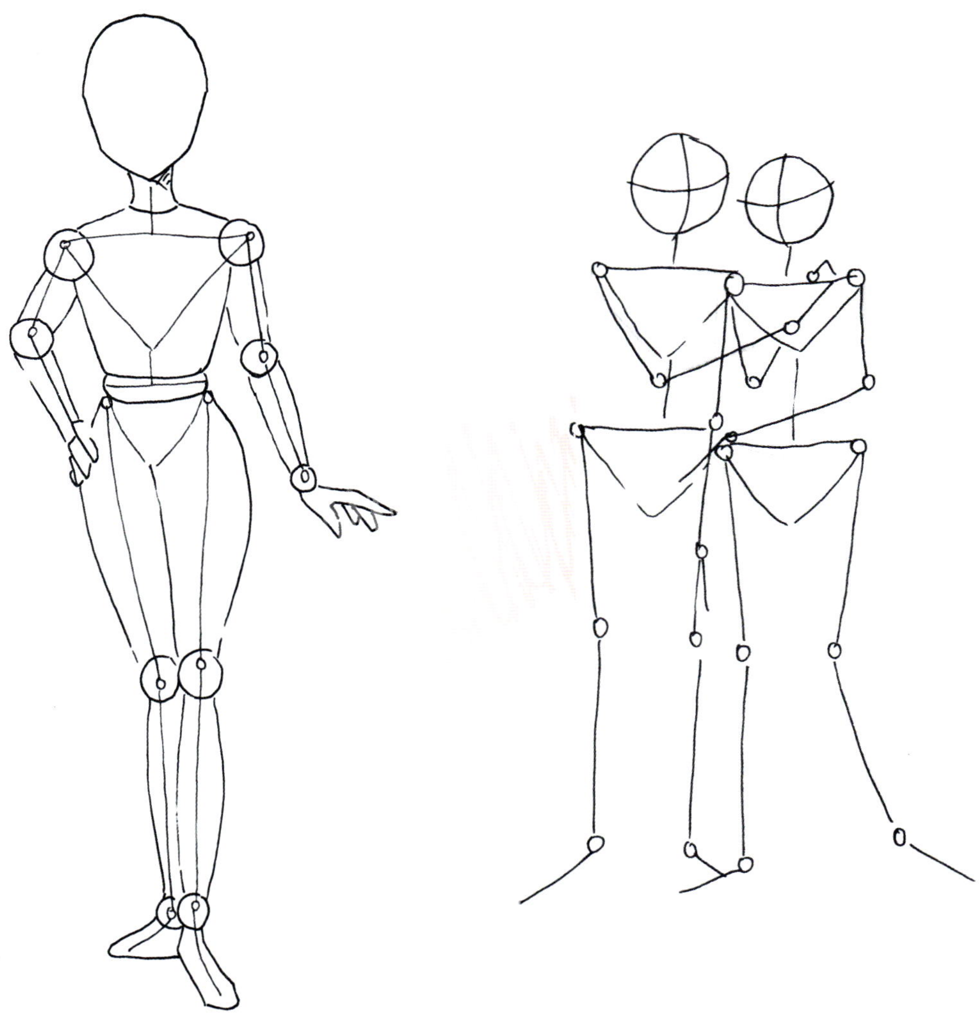

Zeichnen des Körpers

Um den Körper zu zeichnen, sollte man an einiges denken.
Fülle die Lücken im Text aus.

das Gesicht – Körperlänge – Hälfte des Körpers – der Hüfte – des Fußes

Die Hände z. B. sind so groß wie ______________________.

Der Unterarm hat die Länge ______________________, das Handgelenk befindet sich

(bei am Körper anliegenden Armen) in der Nähe ______________________.

Die Beine machen ungefähr die ______________________ aus.

Streckt man beide Hände seitlich aus, ergibt das dieselbe Länge wie die

____.

Die Körpergröße kann durch Köpfe angegeben werden. Diese Einteilung in Köpfen ist hilfreich, um das richtige Verhältnis der Körperteile zueinander zu schaffen. So wirkt der Körper in Bezug auf den Kopf nicht zu lang oder zu kurz: Männer haben z. B. eine Körpergröße von 8–9 Köpfen, Frauen und Jugendliche 6–7 Köpfe und Kinder ungefähr 4–5 Köpfe.

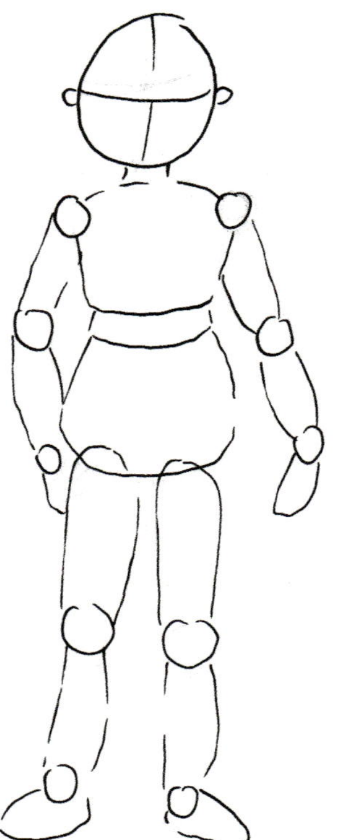

Zeichnen des Körpers

Zeichne einfach einen Kopf und die Größe dieses Kopfes malst du so oft untereinander, wie die Körpergröße sein soll.

Frau

Mädchen

Kind

Super Deformed (SD) oder Chibi

Zeichnen des Körpers

Außerdem können dir Gliederpuppen beim Zeichnen des Körpers helfen. Oft reicht es schon, wenn du die Gliederpuppe nicht genau abzeichnest, sondern sie als Vorlage für die Proportionen nimmst und die Gliedmaßen mit Strichen skizzierst.

Hier siehst du einige Beispiele.

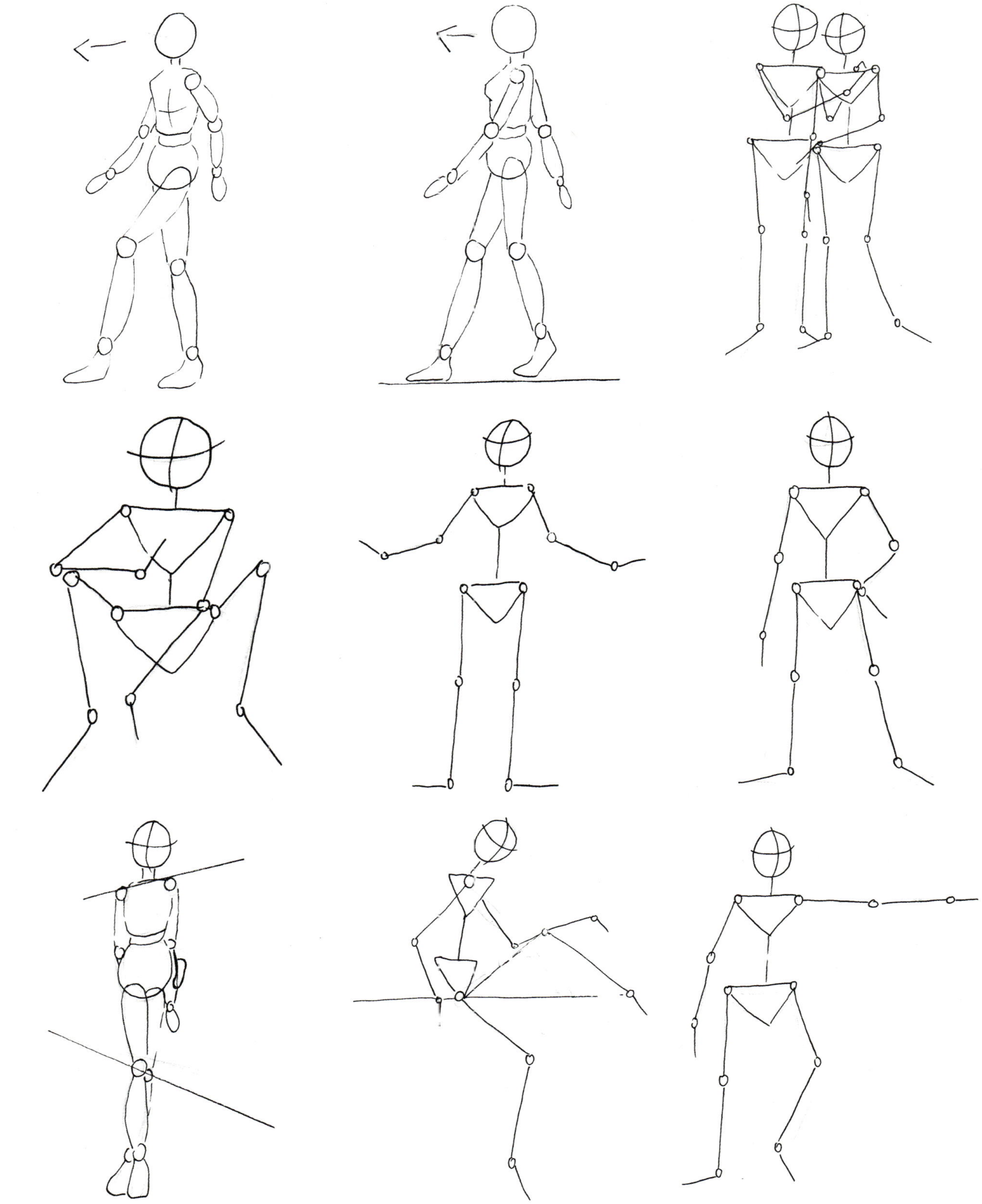

Zeichnen des Körpers

Jetzt bist du dran!
Zeichne fünf unterschiedliche Figuren.

Zeichnen des Körpers

Beim Körperbau, insbesondere bei Körpern von Mann und Frau, gibt es beim Zeichnen von Mangas Unterschiede, die zu beachten sind.

Schreibe folgende Begriffe an die Zeichnung.

Hals ist schmal ~ breite Schultern ~ Hand- und Fußgelenke dicker ~ Körper ist rundlicher ~ Körper wird von oben nach unten schmaler oder ist gleichbleibend ~ schmale Taille

Zeichnen des Körpers

Jetzt bist du dran!
Versuche, mit einer Figur aus Strichen einen weiblichen und einen männlichen Körper vorzuskizzieren und ihn dann zu zeichnen.

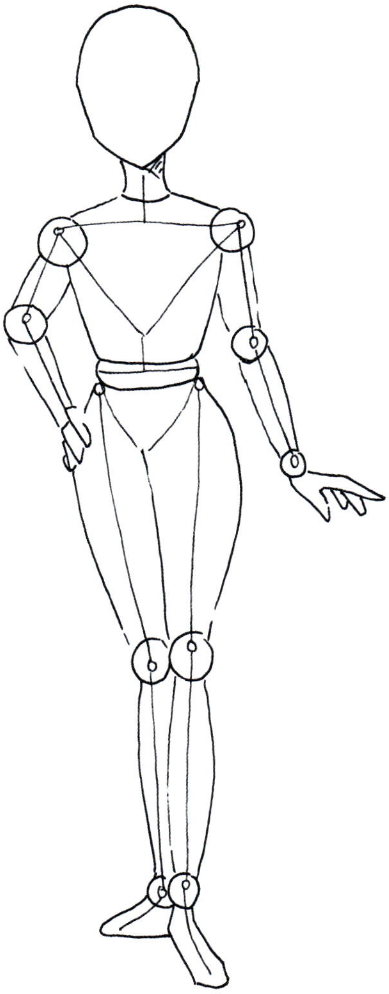

Hände und Füße zeichnen

Zum Körper gehören natürlich auch Hände und Füße und die sind nicht immer leicht zu zeichnen.

Was man sich zuerst merken sollte, ist, dass die Hände in etwa so groß wie das Gesicht und die Füße so lang wie der Unterarm sind. Am besten man skizziert Hände und Füße als Kästen vor. So hat man schon einmal einen Rahmen und kann die Größe festlegen.

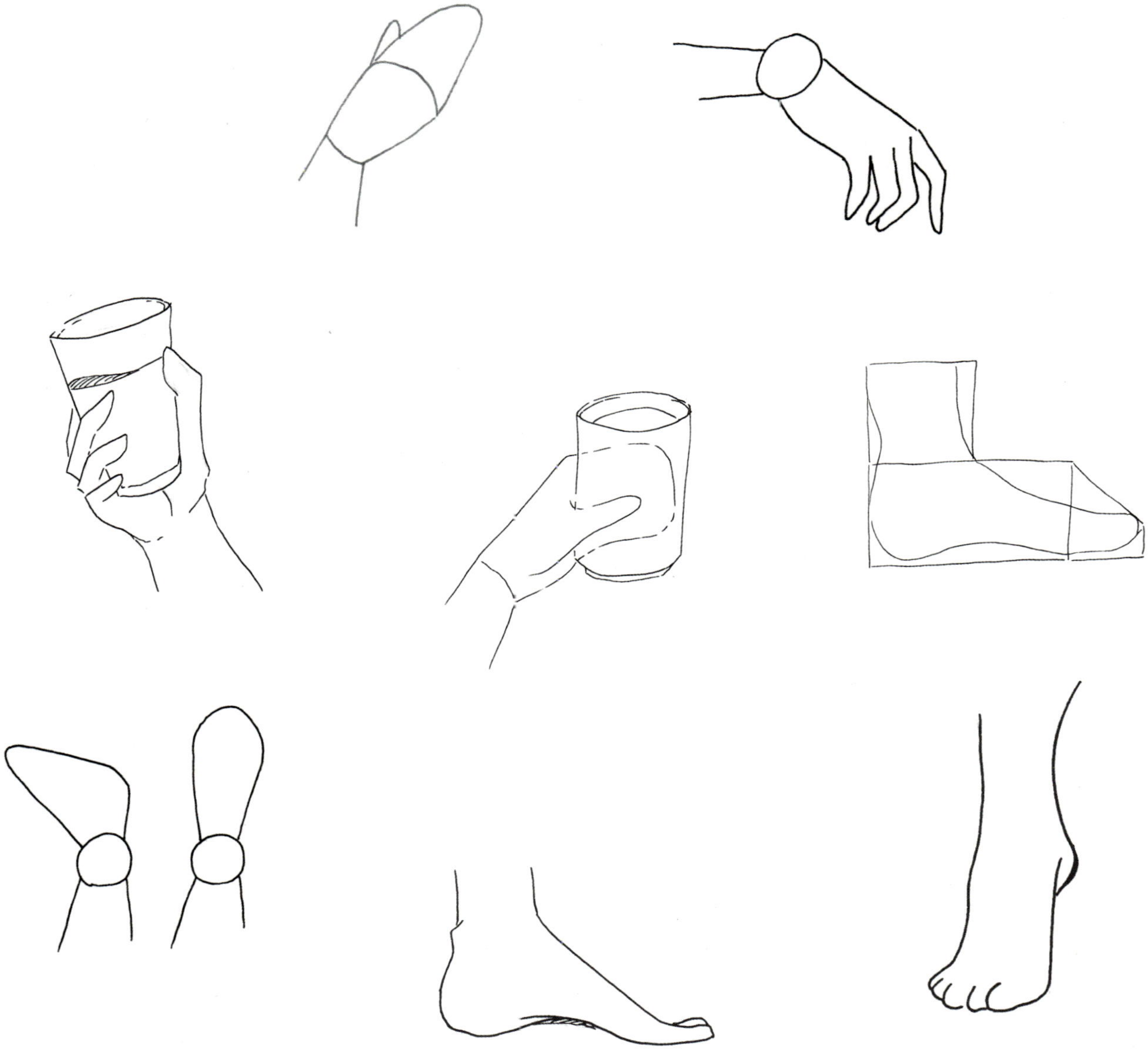

Hände und Füße zu zeichnen, erfordert viel Übung. Man kann ein bisschen mogeln, indem man nur die Fingerspitzen zeichnet, der Handballen am Blattrand verschwindet oder hinter dem Körper, den Haaren usw.

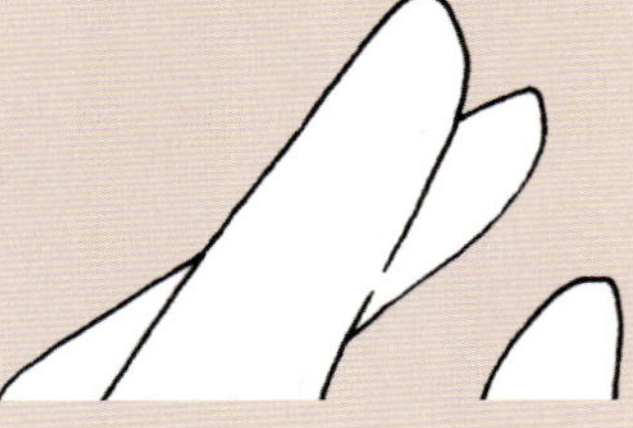

Hände und Füße zeichnen

Jetzt bist du dran!
Zeichne je zwei Hände und Füße.

Kapitel: Kleidung und das Drumherum

Kleidung, Zubehör und Accessoires

Schmuck und Tattoos

Einen Charakter entwerfen II

Blumen, Pflanzen und Hintergründe

Chibis

Kleidung, Zubehör und Accessoires

Seit es den Menschen gibt, bedeckt er seinen Körper zum Schutz vor Kälte und Hitze. Von der Urzeit bis zum Altertum mit seinen hoch entwickelten Kulturen wie den Ägyptern, Römern und Griechen hat sich Kleidung nicht nur aufgrund ihrer Funktionalität verändert, sondern auch, weil man merkte, dass sich Kleidung dazu eignete, etwas über die Herkunft des Menschen auszusagen. Wohlhabende Menschen konnten sich bessere Kleidung leisten, aus feineren Materialien wie Seide, ärmere mussten Kleidung aus Leinen, Nessel oder Schafswolle tragen. Vom Mittelalter über die Renaissance, vom Frankreich des 18. Jahrhunderts bis zur Neuzeit hat die Mode viele Veränderungen durchgemacht – von einem Extrem ins nächste. Auch heute ist Kleidung noch ein Statussymbol. Sie kann (muss aber nicht!) viel über unser Schönheitsbewusstsein, den eigenen Stil und den sozialen Status aussagen.

1. Kreise ein, was richtig ist.

Kleidung soll schützen vor ...

KÄLTE NÄSSE BLUMEN WIND HITZE BÜCHERN

SONNENBRAND UNTERKÜHLUNG SCHLAFEN

TIEREN SCHNEE REGEN HUNGER LERNEN

2. An der Kleidung lassen sich aber auch verschiedene Berufsgruppen erkennen. Welche fallen dir ein?

____

____

____

____

____

____

____

____

____

Geschichte der Kleidung – Skurriles und Interessantes

Werfen wir mal einen Blick in die Antike. Dort trugen die Menschen Tücher, sogenannte Togas. An der Farbe der Toga erkannte man den gesellschaftlichen Rang: Der durchschnittliche Bürger trug Weiß, hohe Beamte hatten Purpurstreifen und der Kaiser war ganz in Purpur gekleidet. Fremde oder Sklaven durften keine Toga tragen.

Im 15. und 16. Jahrhundert trugen die Menschen in Venedig Schuhe, die bis zu 20 Zentimeter hoch waren. Venedig ist nämlich eine Lagunenstadt und deshalb standen die Straßen häufig unter Wasser. Damit die langen Kleider nicht zu Schaden kamen, zog man entsprechendes Schuhwerk an.

Zu verschiedenen Zeiten, insbesondere im Rokoko, Empire und Biedermeier (18./19. Jahrhundert), haben die Menschen Reifröcke und Korsetts getragen. Reifröcke bzw. Krinolinen waren „Gerüste", über die die Röcke kamen. Manche maßen bis zu 1,80 Meter im Durchmesser und waren damit breiter, als eine Frau groß war. Anziehen konnte man diese Gestelle nicht allein und das Hinsetzen wurde zur Herausforderung.

Krinoline/Reifrock

Hast du schon mal von „Lotusfüßen" gehört? Angeblich geht dieser Brauch auf die Geliebte des Kaisers Li Houzhu im 10. Jahrhundert zurück. Sie hat ihre Füße bandagiert, ähnlich wie eine Ballerina, um auf der Bühne besondere tänzerische Leistungen vollbringen zu können. Dies wurde nach und nach zu einem Schönheitsideal, das später so extrem wurde, dass ein Fuß nur noch 10 cm lang sein sollte. Dafür fing man an, jungen Mädchen die Knochen im Fuß zu brechen und extrem abzubinden. Bis ins 20. Jahrhundert wurde dieser äußerst schmerzhafte und sinnlose Brauch in China gepflegt.

Geschichte der Kleidung – Skurriles und Interessantes

Hier siehst du einige Beispiele für Kleidungsstücke. Beim Zeichnen sind deiner Fantasie aber natürlich keine Grenzen gesetzt. So kannst du dich auch selbst als Designer probieren.

Geschichte der Kleidung – Skurriles und Interessantes

Eine besondere Herausforderung beim Zeichnen von Kleidung ist der Faltenwurf. Denn Kleidung hängt ja nicht einfach gerade und steif herunter, sie bewegt sich und und wirft Falten. Und obwohl es erst einmal schwierig aussieht, ist Falten zeichnen eigentlich gar nicht schwer:

Zuerst werden ein paar Wellen gezeichnet und jeweils an den Enden wird ein Strich nach oben gezogen. Schon entstehen Falten.

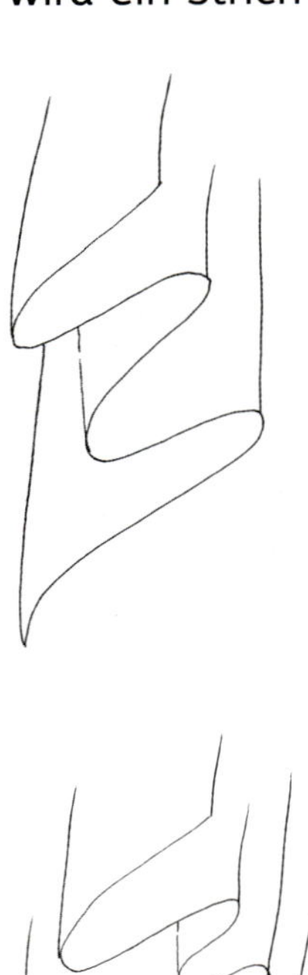

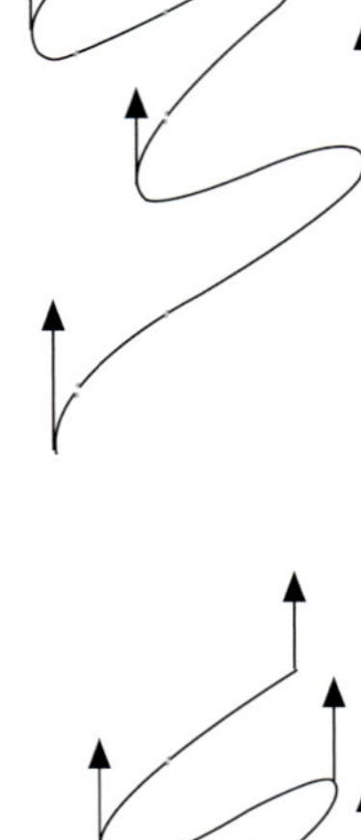

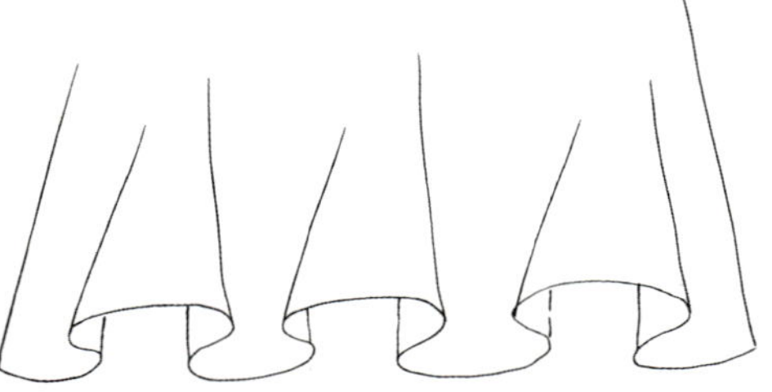

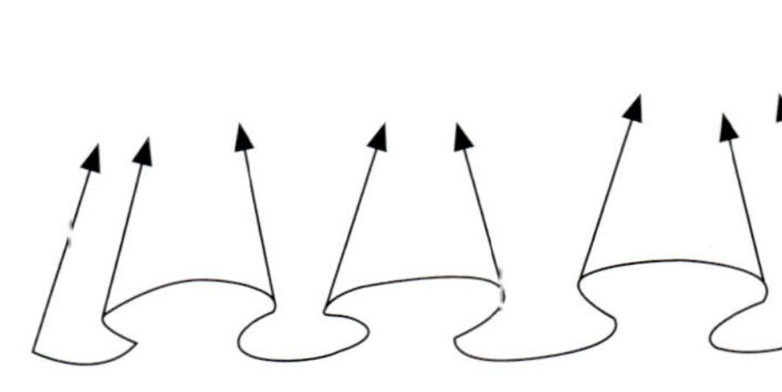

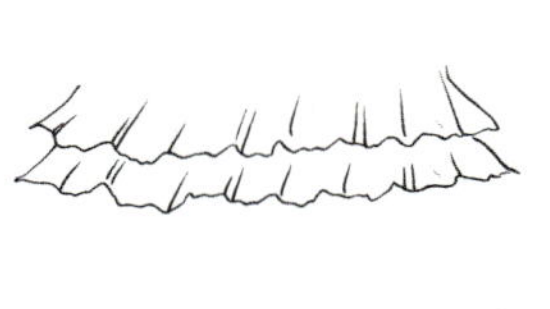

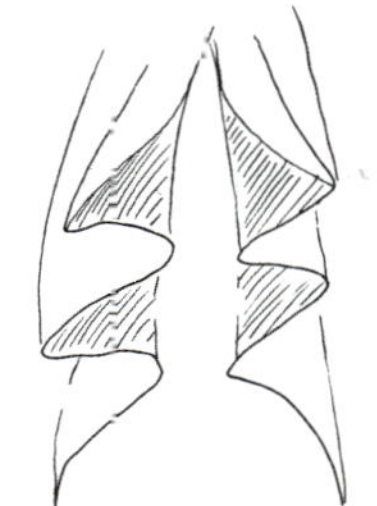

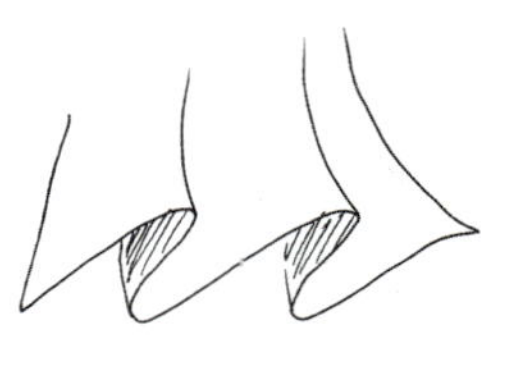

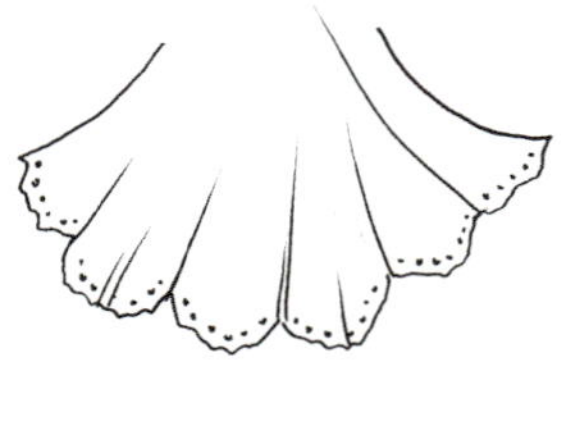

Geschichte der Kleidung – Skurriles und Interessantes

Neben Kleidung trägt der Mensch noch viele andere Dinge an und bei sich: Taschen, Kopfbedeckungen, Schuhe, Brillen usw. Auch durch sie kann man einer Figur eine bestimmte Wirkung verleihen. Hier siehst du einige Beispiele.

Geschichte der Kleidung – Skurriles und Interessantes

Jetzt bist du dran!
Zeichne mithilfe von Strichen einen Körper vor und füge dann Kleidung dazu. Denk auch an den Faltenwurf, damit das Bild lebendig wirkt. Nutze die Vorlagen oder lass dich von ihnen zu eigenen Kreationen inspirieren.

Schmuck und Tattoos

Seit jeher schmückt sich der Mensch mit Dingen, die ihm wertvoll erscheinen oder eine Art Schönheit ausstrahlen: Ohrringe, Tattoos, Hennas (Körperbemalung aus Indien und dem Orient), Piercings oder auch Spangen, Ketten, Ringe – all das wird am Körper getragen.

Wusstest du z. B., dass Sissi, die Kaiserin Elisabeth von Österreich (1837–1898), ein Ankertattoo auf ihrer Schulter gehabt haben soll?

Tattoos sind eine besondere Art des Körperschmucks. Es sind Motive, die mithilfe von Tinte unter die Haut gebracht werden und somit etwas für die Ewigkeit sind. Deshalb sollte man sich gut überlegen, ob man sich tätowieren lassen möchte und welches Motiv dafür überhaupt infrage kommt.

Schmuck und Tattoos haben häufig eine sehr persönliche oder religiöse sowie gesellschaftliche Bedeutung. Sie sagen daher oft viel über die Person, die sie trägt, aus. So kannst du deinen Figuren damit ebenfalls eine besondere charakterliche Note verleihen.

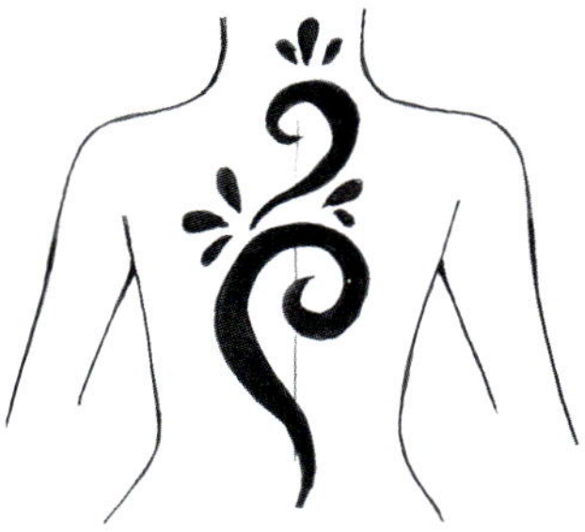

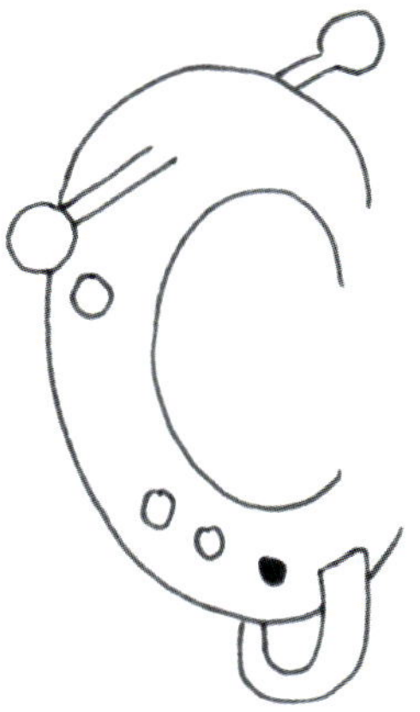

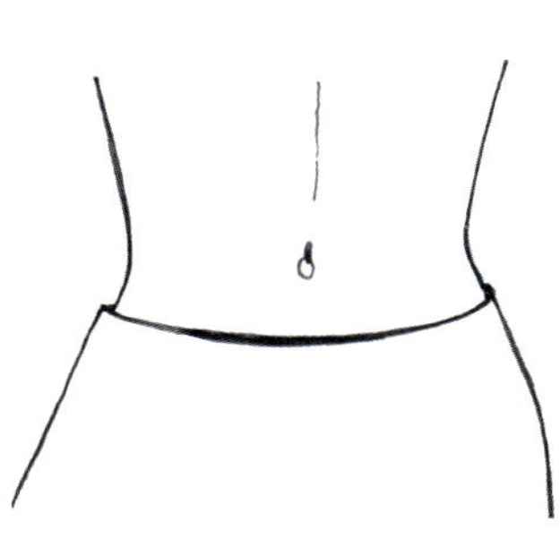

Schmuck und Tattoos

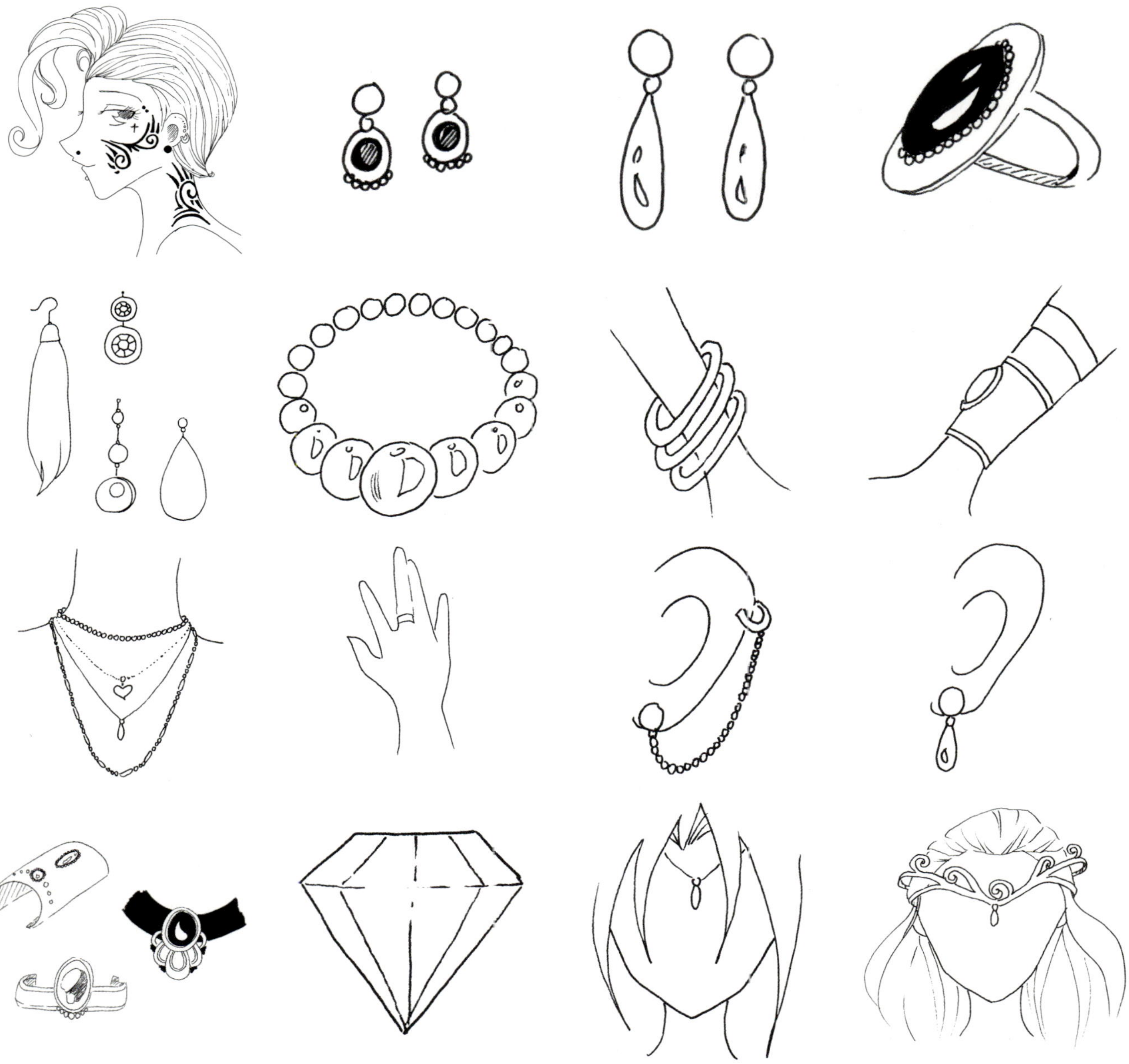

Schmuck und Tattoos

Jetzt bist du dran!
Zeichne in die Vorlage verschiedenen Schmuck ein. Ergänze auch Tattoos oder Piercings, so wie du es dir vorstellst. Zeichne außerdem eine Frisur.

Chibis

Chibi bedeutet „klein, winzig“. Es ist ein bestimmter Zeichenstil in der Mangatradition, durch den Charaktere klein und verniedlicht dargestellt werden.

Chibi wird oft genutzt, um starke Emotionen auf eine besonders lustige Weise zum Ausdruck zu bringen: Wut, Erstaunen, Enttäuschung, Verliebtheit – alles lässt sich auf diese Art darstellen. Dabei ist zu beachten, dass alles ein wenig vereinfacht gezeichnet und auf viele Details, z. B. auf Finger bei den Händen, verzichtet wird. Der ursprüngliche Charakter, den du als Mangafigur entworfen hast, bleibt im Chibi derselbe, nur nutzt du eine etwas andere Darstellungsform.

Hier siehst du ein paar Beispiele zur Gestaltung von Figuren im Chibi-Stil.

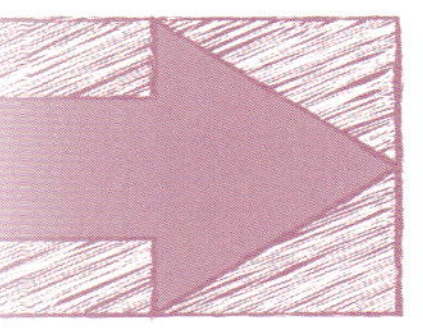

Chibis

Einen Charakter entwerfen II

Als Nächstes sollst du eine komplette Figur entwerfen und diese auf zwei Arten zeichnen, also von Kopf bis Fuß, den ganzen Körper.

Überlege zunächst:

- Welche Geschichte könnte dein Charakter haben? Ist er jung, alt, traurig, verliebt, ein Mensch oder ein Fantasiewesen? Hat er besondere Fähigkeiten, Talente oder gar Kräfte?
- Was trägt dein Charakter gern, hat er Lieblingsfarben, einen Lieblingspulli oder Ähnliches?
- Hat er einen besonderen Kleidungsstil, den sonst keiner trägt?
- Durch welche Accessoires zeichnet sich der Charakter aus: Kette, Ringe, einen Hut oder eine schicke Tasche, vielleicht sogar ein Tattoo?

⋝ **Skizziere deine Figur zunächst mithilfe von Strichen, zeichne sie dann ins Reine. Gestalte dann passend zu deiner Figur eine Chibi-Version von ihr.**

Blumen, Pflanzen und Hintergründe

Zeichnungen wirken ohne einen Hintergrund oder weitere Verzierungen im Hintergrund schnell kahl. Hier siehst du einige Beispiele für Verzierungen, Blumen und Pflanzen.

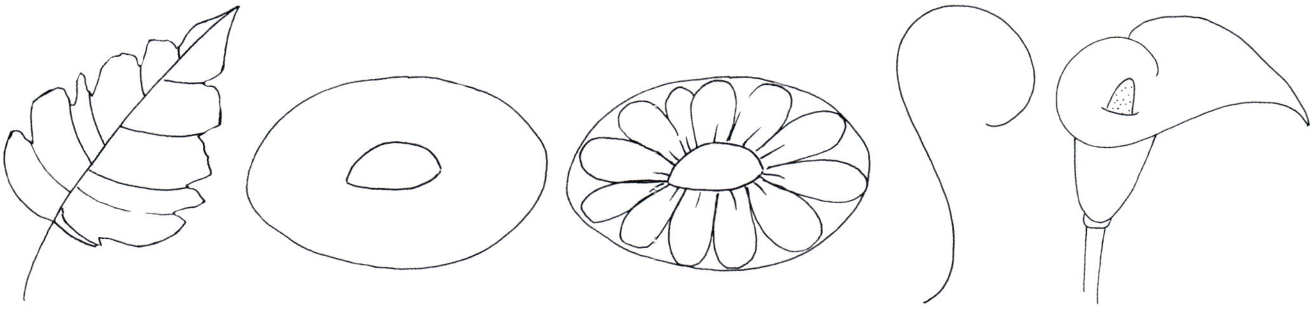

Blumen, Pflanzen und Hintergründe

⇒ **Versuche dich an diesem Hintergrund. Vervollständige ihn und gestalte ihn und die Figur weiter aus.**

Kapitel: Eigene Mangas zeichnen

Eine Szene zeichnen

Entwerfen und Zeichnen einer Geschichte

Kalenderseite gestalten

Lesezeichen gestalten

Eine Szene zeichnen

- Zeichne ein schönes Bild mit einer Figur oder von einer Landschaft in den folgenden Rahmen.

Entwerfen und Zeichnen einer Geschichte

Es gibt mehrere Möglichkeiten, an die Entwicklung einer Geschichte heranzugehen.

Ein Weg ist, zunächst die Story festzulegen. Das kann man machen, wenn einem schon Ideen im Kopf herumschwirren. Eine andere Möglichkeit wäre, sich zuerst damit zu beschäftigen, wie die Charaktere aussehen sollen, und dann daraus eine Geschichte zu entwerfen.

Egal für welchen Weg du dich entscheidest, zu Beginn solltest du dir gut überlegen, welche Art von Geschichte du zeichnen möchtest, z. B. eine Fantasygeschichte oder eine Liebesgeschichte. Diese verschiedenen Richtungen nennt man Genre. Das Genre gibt sozusagen das Thema deiner Story vor. Hier eine Auswahl der wichtigsten, einige davon kennst du bestimmt schon:

Fantasy

In diesem Genre ist alles zu Hause, was die Fantasie hergibt. Von Drachen über Elfen bis hin zu Magiern und anderen mystischen Wesen ist alles erlaubt. Zum Beispiel: *Harry Potter, Artemis Fowl, Vampirschwestern, Gänsehaut.*

Science-Fiction

Diese Geschichten spielen meist in naher oder ferner Zukunft, in Parallelwelten und im Weltall. Es tauchen Cyborgs oder Roboter auf, ein ganz klassisches Beispiel dafür ist *Star Wars.*

Action

Wie der Name schon sagt, ist immer was los in diesen Geschichten. Sie können sehr kampflastig sein und mit Elementen von anderen Genres, wie z. B. Fantasy oder Humor, kombiniert werden. Ein gutes Beispiel ist *Dragonball.*

Entwerfen und Zeichnen einer Geschichte

Historisch

Dies ist ein sehr interessantes Genre, allerdings macht es am meisten Arbeit. Denn wenn ihr euch eine historische Vorlage nehmt, empfiehlt es sich immer zu recherchieren: Was trugen die Menschen zu der Zeit, wie war das Leben und was geschah überhaupt? Oder wenn es eine historische Person ist: Wie hat sie gelebt, mit wem war sie zusammen, welches Schicksal ereilte sie? Oft sind solche Geschichten auch ein Mix aus Romantik und Action. Beispiel: *Lady Oscar*

Humor

Diese Geschichten sind voll mit Komik, Gags und Witzen. Humor ist alles, was andere zum Lachen bringt, und kann mit jedem anderen Genre zusammen verwendet werden. Ohne ein wenig Komik können Geschichten ziemlich bedrückend wirken, was aber durchaus auch so gewollt sein kann. Beispiel: *Ranma 1/2*

Romance

Die klassische Liebesgeschichte: romantische Augenblicke, erste Liebe, Herzschmerz, Sehnsucht, Liebe bis über den Tod hinaus. Romance ist ein beliebtes Genre. Beispiel: *Romeo und Julia, Cinderella*

Magical Girl

Ganz normale Mädchen werden durch Magie zu Kämpferinnen gegen das „Böse“. Das beste Beispiel hierfür ist *Sailor Moon.*

Entwerfen und Zeichnen einer Geschichte

Jetzt bist du dran!
Schreibe in Stichpunkten den Verlauf deiner Geschichte auf. Wie soll sie beginnen, was soll geschehen? Kommt eine Wendung drin vor, mit der man nicht rechnet?

Entwerfen und Zeichnen einer Geschichte

Nachdem du Stichpunkte aufgeschrieben und den Verlauf der Geschichte festgelegt hast, kannst du sie nun zeichnen. Dazu werden Panels (Einzelbilder einer Sequenz) genutzt, mit ihnen kann auch sehr gut Spannung aufgebaut werden. Versuch es selbst! Hier findest du ein paar Ideen, wie sich Panels anordnen lassen.

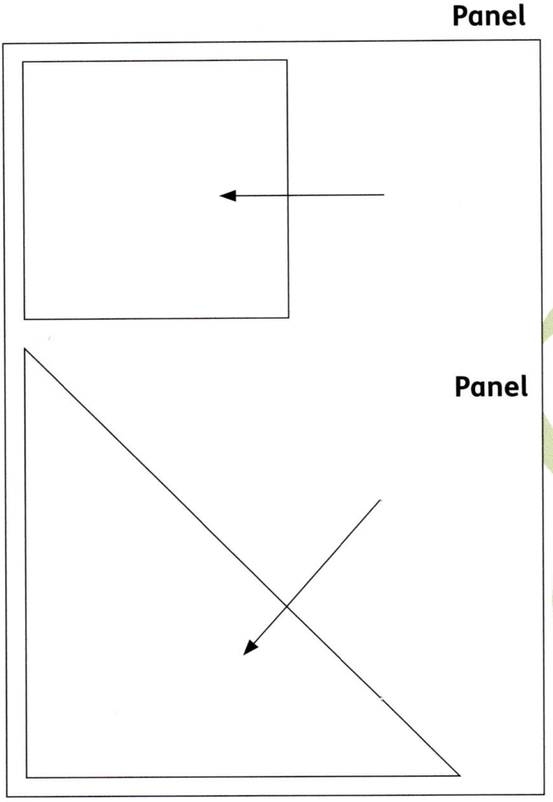

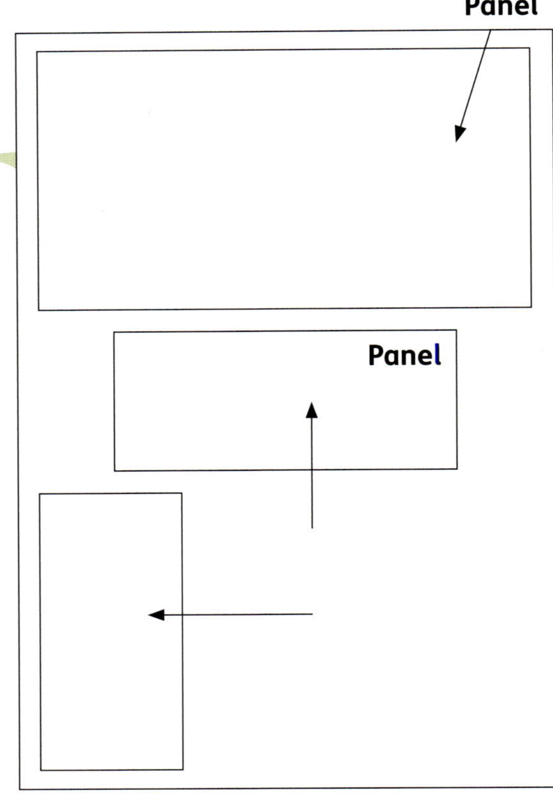

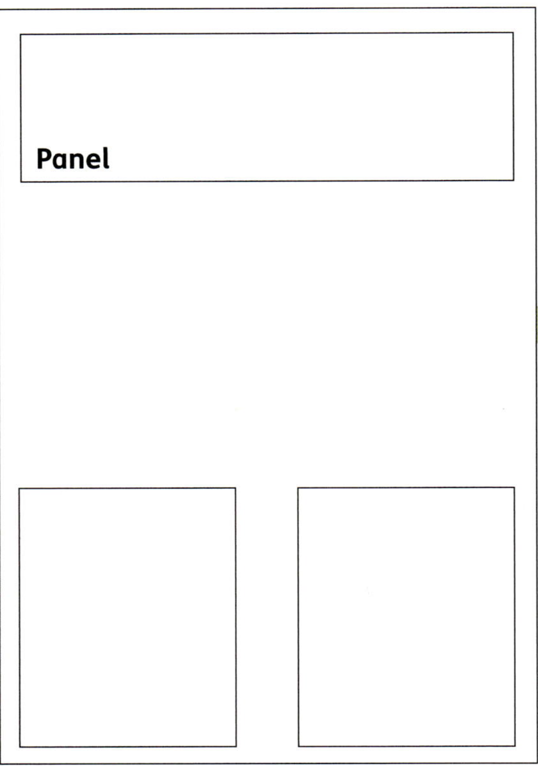

Kalenderseite gestalten

> Hast du einen Lieblingsmonat, eine liebste Jahreszeit? Such dir einen Monat aus und gestalte eine Kalenderseite mit Mangamotiven.

Lesezeichen gestalten

> Entwirf drei schöne Lesezeichen mit Mangamotiven. Klebe sie nach dem Ausmalen auf Pappe, dann sind sie stabiler.

Kapitel: Zusatzmaterialien

Kleiderpuppe

Kleiderpuppe

Ausmalbilder

Ausmalbilder

Malen nach Zahlen

△ Grün ● Orange/Haut ✳ Schwarz

▭ Gelb ○ Rot

Schule in Japan

Das japanische Schulsystem unterscheidet sich in einigen Punkten von unserem.

In Japan beginnen die Kinder zwar auch mit der Grundschule (shougakkou). Die dauert aber anders als bei uns sechs Jahre. Japanische Kinder werden im April nach ihrem 6. Lebensjahr eingeschult.

Danach folgt die Mittelschule (chougakkou), die drei Jahre besucht wird. Mit Ende der Mittelschule endet auch die Schulpflicht. Das entspricht in Deutschland der 9. Klasse, jedoch besuchen fast alle Schülerinnen und Schüler hinterher eine weiterführende Schule.

Um auf die Oberschule (koutou gakkou) zu gehen, muss eine oft sehr schwierige Eignungsprüfung bestanden werden. Wer diese Schule besuchen möchte, lernt in der Mittelschule schon für die Aufnahmeprüfungen. Der Abschluss der Oberschule ist dem deutschen Abitur ähnlich. Aber anders als hier gibt es keine Prüfungen, die bestanden werden müssen.

Zuletzt kann eine Universität (daigaku) für vier Jahre besucht werden. Zulassungsprüfungen verlangen auch hier wieder eine harte Vorbereitung. Aber das ist nicht der einzige Unterschied zu unseren Schulen.

Japanische Kinder tragen Schuluniformen von Beginn der Grundschule an. Jede Schule hat ihre eigene und daran erkennt man, welche Schule die Schülerinnen und Schüler besuchen. Und wie läuft so ein Tag an einer japanischen Schule ab?

Die Kinder und Jugendlichen kommen morgens an und tauschen an Garderobenschränken im Eingangsbereich die Straßenschuhe gegen einheitliche aus. Nach der Schule geht fast jeder noch in einen Klub (Sport, Kunst usw.), der täglich stattfindet. Diese Klubs werden hauptsächlich von den Schülerinnen und Schülern selbst geleitet. Ein älterer, der Senpai, leitet den Klub und die jüngeren, die Kohai, folgen seinen Anweisungen.

Irgendwann abends müssen zu Hause natürlich noch Hausaufgaben gemacht werden. In Japan entscheidet ein guter Abschluss über die berufliche Zukunft, was bei uns nicht anders ist.

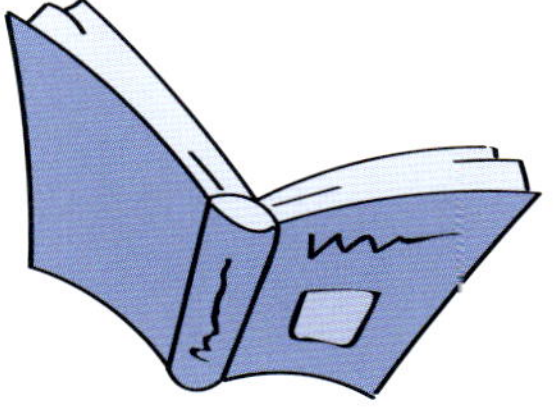

Religion in Japan

Es gibt zwei bedeutende Religionen in Japan, den Buddhismus, der aus China kam, und den Schintoismus.

Schinto ist der Glaube an einheimische japanische Götter, an Naturkräfte oder auch vergöttlichte Ahnen.

Die wichtigste Göttin ist Amaterasu, mit vollem Namen Amaterasu-o-mi-kami „am Himmel scheinende große erlauchte Göttin". Sie ist die Sonnengöttin und Schutzgöttin Japans. In der japanischen Mythologie ist der Kaiser ein Nachkomme von Amaterasu.

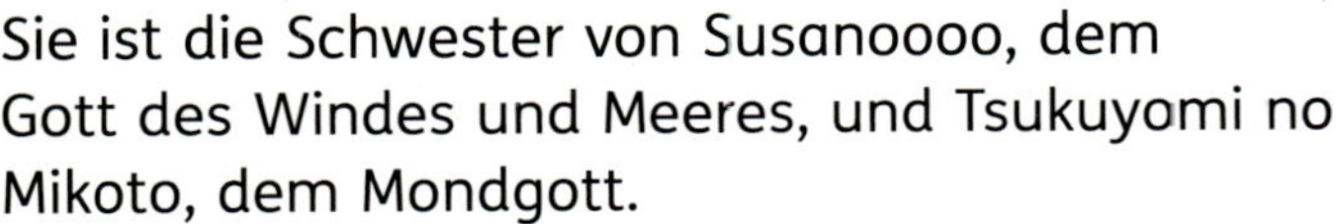

Sie ist die Schwester von Susanoooo, dem Gott des Windes und Meeres, und Tsukuyomi no Mikoto, dem Mondgott.

In der japanischen Mythologie sind Legenden und Sagen tief verwurzelt. Ebenso wie an Göttinnen und Götter glauben die Menschen auch an Dämonen (Oni) und Geister (Yūrei). Die Oni waren in den frühsten Legenden gutmütige Wesen, die bösartige Geister abgewehrt haben. Im Laufe der Zeit wurde ihre Verbindung zum Bösen auf sie selbst übertragen. Dadurch wurden sie zu Boten und Verursachern von Unheil. Ihre Darstellung reicht von dummen, ogerähnlichen Unholden bis zu abgrundtief bösen Dämonen. Alljährlich werden Zeremonien abgehalten, um die Oni zu verscheuchen.

Yūrei sind japanische Geister/Gespenster. Wegen bestimmter Ereignisse zu Lebzeiten bleibt ihnen ein friedliches Leben nach dem Tod verwehrt. Sie wollen erschrecken, richten aber keinen Schaden an.

Anders die Onryō, das sind Rachegeister. Sie wollen Rache üben für etwas, was ihnen zu Lebzeiten angetan wurde.

Jederzeit optimal vorbereitet in den Unterricht?

»